Walter Röchling
Grundlagen und Schwerpunkte des Verfahrens in Kindschaftssachen (FamFG) für die Soziale Arbeit

Walter Röchling

Grundlagen und Schwerpunkte des Verfahrens in Kindschaftssachen (FamFG) für die Soziale Arbeit

Aufgaben, Intervention und Mitwirkung
unter dem Aspekt von Kindeswohl und
Kindeswohlgefährdung

Der Autor

Walter Röchling, Jg. 1948, Dr. jur., Familienrichter und Betreuungsrichter a.D., Honorarprofessor an der Hochschule Niederrhein/Fachbereich Sozialwesen. Fachgebiet: Institutionalisierte Soziale Arbeit in Familien- und Jugendhilfesachen einschließlich Verfahrensrecht. Lehrbeauftragter für Familienrecht, Kinder- und Jugendhilferecht sowie Familienverfahrensrecht. Dozent in der beruflichen Fortbildung. Veröffentlichungen: www.dr-walter-roechling.de

Dieses Buch ist erhältlich als:
ISBN 978-3-7799-8500-6 Print
ISBN 978-3-7799-8501-3 E-Book (PDF)
ISBN 978-3-7799-8502-0 E-Book (ePub)

1. Auflage 2024

Herstellung: Ulrike Poppel
Satz: Helmut Rohde, Euskirchen
Druck und Bindung: Beltz Grafische Betriebe, Bad Langensalza
Beltz Grafische Betriebe ist ein Unternehmen mit finanziellem Klimabeitrag (ID 15985-2104-100)
Printed in Germany

Weitere Informationen zu unseren Autor:innen und Titeln finden Sie unter: www.beltz.de

Inhalt

Vorwort

Die *rechtliche* Einordnung von Kindeswohl und Kindeswohlgefährdung und die damit einhergehende Umsetzung in der beruflichen Praxis gehören zu den Schwerpunkten der Sozialen Arbeit im Kontext familienrechtlicher Tätigkeit. Dies gilt unabhängig davon, in welcher Funktion, in welchem Arbeitsbereich oder in welchem konkreten Rechtsgebiet die professionellen Aufgaben wahrzunehmen sind.

Die Bewältigung der beruflichen Aufgaben erfordert neben fachlichen Kenntnissen im Familienrecht sichere Kenntnisse im Verfahrensrecht, insbesondere in Kindschaftssachen (FamFG), um materiell-rechtliches Fachwissen – z. B. im Zusammenhang mit einem familiengerichtlichen Verfahren – effektiv und zielführend einbringen zu können.

Üblicherweise werden die entsprechenden Fachkenntnisse regelmäßig in der Ausbildung erworben – sie bedürfen jedoch im Berufsleben ständiger Erneuerung und/oder Erweiterung, insbesondere dann, wenn durch verschiedentliche Reformen Überarbeitungen bzw. Aktualisierungen der Gesetzesmaterie erfolgten.

Das erste Kapitel des Buches befasst sich mit der Darstellung des Verfahrens in Kindschaftssachen, §§ 151 ff. FamFG. Durch das Gesetz zur Bekämpfung von sexualisierter Gewalt gegen Kinder (2021) hat der Gesetzgeber u. a. auch die im FamFG geregelte Verfahrensbeistandschaft im Einzelnen inhaltlich grundlegend überarbeitet und neu strukturiert, sodass dieser Themenbereich – entsprechend seiner verfahrensrechtlichen Bedeutung und seinem Regelungsumfang – in einem eigenständigen (zweiten) Kapitel abgehandelt wird.

Schließlich ist es seit Jahrzehnten ein besonderes Anliegen des Gesetzgebers, die Mediation im familienrechtlichen Bereich zu fördern und zu forcieren. Dies geschah insbesondere durch diverse verfahrensrechtliche Regelungen im FamFG bis hin zu einem eigenständigen Mediationsgesetz – ohne dass ein signifikanter Durchbruch der Mediationsverfahren oder sonstiger Verfahren der Konfliktbeilegung im Bereich familialer Konflikte ersichtlich wäre: Und dies, obwohl durch entsprechende Untersuchungen der Erfolg oder jedenfalls die positiven Auswirkungen dieser Verfahren auf die Beteiligten eindeutig belegt ist. Ein weiteres (drittes) Kapitel setzt sich deshalb mit Blick auf die unterschiedlichen mediationsbezogenen Bestimmungen des FamFG mit dem derzeitigen Anwendungsbereich der Mediation, ihrer Bedeutung und ihrer Sinnhaftigkeit auseinander.

Das Buch gibt einen fundierten Überblick über die genannten Themenbereiche und bietet unter Berücksichtigung der aktuellen Gesetzgebung eine praxisorientierte rechtliche Gesamtschau für die alltägliche Soziale Arbeit unter dem Aspekt von Kindeswohl und Kindeswohlgefährdung.

Gesetzes- und Rechtsprechungsstand: 30.11.2023.

Soweit (einzelne) Kapitel dieses Buches auf vom Autor konzipierte Kapitel des im Verlag W. Kohlhammer (Reihe: Grundwissen Soziale Arbeit) nicht mehr verlegten Buches „Jugend-, Familien- und Betreuungsrecht für die Soziale Arbeit" zurückgehen, wurden diese Ausführungen inhaltlich völlig überarbeitet, grundlegend aktualisiert und, soweit erforderlich, insgesamt neu strukturiert.

Viersen, im Dezember 2023
Walter Röchling

I. Das Verfahren in Kindschaftssachen (FamFG)

1. Einleitung und Überblick

Das FamFG – „Gesetz über das Verfahren in Familiensachen und in den Angelegenheiten der freiwilligen Gerichtsbarkeit" – ist zum 01.09.2009 in Kraft getreten. Es löste das Gesetz über die Angelegenheiten der freiwilligen Gerichtsbarkeit (FGG) vom 01.01.1900 und eine Reihe nachfolgender Reformgesetze des FGG, wie z. B. das Familienverfahrensrecht (1976), ab. Mit dem FamFG entstand ein einheitliches Verfahrensgesetz für von Familiengerichten zu erledigende Familiensachen, wobei die Familiengerichte z. B. auch die Aufgaben der (durch das FamFG) aufgelösten Vormundschaftsgerichte (Vormundschaft für Minderjährige, Adoption) übernommen haben. Insgesamt dienen die Regelungen des FamFG der verfahrensrechtlichen Ausgestaltung (u. a.) der Verfahren in Familiensachen.

Bei den Reformzielen des FamFG (in dem hier interessierenden Zusammenhang) ist hervorzuheben, dass ein besonderes Anliegen des Gesetzgebers zweifellos in der Stärkung konfliktlösender und konfliktvermeidender Elemente im familiengerichtlichen Verfahren bestand. Insoweit war sich der Gesetzgeber bewusst, dass familiengerichtliche Verfahren – wie keine andere gerichtliche Auseinandersetzung – von emotionalen Konflikten geprägt sind, die letztlich nicht justiziabel sind, aber einen maßgeblichen Einfluss auf das Streitpotenzial haben. Deshalb sollte die Neufassung des entsprechenden Verfahrensrechts dazu genutzt werden, die Bedeutung des personalen Grundkonfliktes aller familiengerichtlichen Verfahren zu betonen und konfliktvermeidende und konfliktlösende Elemente zu stärken.

2. Der Aufbau des FamFG

Das FamFG ist in die Bücher 1 bis 9 unterteilt, die den gesamten Bereich des Verfahrens der freiwilligen Gerichtsbarkeit und des Verfahrens in Familiensachen abdecken, z. B. Buch 1 „Allgemeiner Teil", Buch 2 „Verfahren in Familiensachen" oder in Buch 3 das „Verfahren in Betreuungs- und Unterbringungssachen" usw. (Die weiteren Bücher sind für den hier interessierenden und zu erörternden Zusammenhang weniger von Bedeutung.)

Im Buch 2 – Verfahren in Familiensachen – sind in den Abschnitten 1–12 (§§ 111–270 FamFG), u. a. geregelt:

- Allgemeine Vorschriften (Abschnitt 1),
- Verfahren in Ehesachen; Verfahren in Scheidungssachen und Folgesachen (Abschnitt 2),
- Verfahren in Kindschaftssachen (Abschnitt 3),
- Verfahren in Abstammungssachen (Abschnitt 4),
- Verfahren in Adoptionssachen (Abschnitt 5),
- Verfahren in Ehewohnungs- und Haushaltssachen (Abschnitt 6),
- Verfahren in Gewaltschutzsachen (Abschnitt 7),
- Verfahren in Lebenspartnerschaftssachen (Abschnitt 12).

(Die weiteren nicht erwähnten Abschnitte sind in diesem Gesamtzusammenhang nicht von Bedeutung.)

3. Definitionen nach dem FamFG – insbesondere Kindschaftssachen

3.1

Zu den „Familiensachen“, für die das Familiengericht (nach Abschaffung des Vormundschaftsgerichts) insgesamt zuständig ist, gehören gem. § 111 FamFG die

1. Ehesachen,
2. Kindschaftssachen,
3. Abstammungssachen,
4. Adoptionssachen,
5. Ehewohnungs- und Haushaltssachen,
6. Gewaltschutzsachen,
7. …
11. Lebenspartnerschaftssachen.

(Die weiteren hier unerwähnt gelassenen Familiensachen – 7. bis 10. – sind in diesem Sachzusammenhang nicht von Bedeutung.)

Neben den vorgenannten Familiensachen gibt es den Begriff der „Familienstreitsachen“, § 112 FamFG. Hierzu gehören z. B. Unterhaltssachen (also durch Verwandtschaft oder Ehe begründete gesetzliche Unterhaltspflichten). In Familienstreitsachen gelten weithin die Vorschriften der Zivilprozessordnung, vgl. § 113 Abs. 1 FamFG, i. Ü. eine Reihe von Sonderregelungen, vgl. §§ 113–120 FamFG (z. B. Anwaltszwang, § 114 FamFG).

3.2

Bei den in § 111 Nr. 2 FamFG genannten Kindschaftssachen handelt es sich nach der gesetzlichen Definition des § 151 FamFG um Verfahren, die

1. die elterliche Sorge,
2. das Umgangsrecht und das Recht auf Auskunft über die persönlichen Verhältnisse des Kindes,
3. die Kindesherausgabe,
4. die Vormundschaft,
5. die Pflegschaft oder die gerichtliche Bestellung eines sonstigen Vertreters[1] für einen Minderjährigen oder für eine Leibesfrucht,
6. die Genehmigung von freiheitsentziehender Unterbringung und freiheitsentziehenden Maßnahmen nach § 1631b BGB, auch in Verbindung mit § 1795 Abs. 1 S. 3 und § 1813 Abs. 1 des Bürgerlichen Gesetzbuchs
7. die Genehmigung oder Anordnung einer freiheitsentziehenden Unterbringung, freiheitsentziehenden Maßnahme oder ärztlichen Zwangsmaßnahme bei einem Minderjährigen nach den Landesgesetzen psychisch Kranker oder
8. die Aufgaben nach dem Jugendgerichtsgesetz (z. B. Festsetzung von Erziehungsmaßregeln gem. § 9 JGG als Rechtsfolge einer Straftat eines Jugendlichen), die dem Familiengericht zugewiesen sind, vgl. §§ 53, 104 Abs. 4 JGG)

betreffen.

Allen diesen Verfahren ist gemeinsam, dass das Kind im Mittelpunkt des Verfahrens steht. Deshalb die Wortwahl „Kindschaftssachen“. Das Verfahren in Kindschaftssachen (Abschnitt 3 des Buches 2 „Verfahren in Familiensachen“) ist in den §§ 151–168 g FamFG geregelt.

4. Verfahrensgestaltende Bestimmungen des Verfahrens in Kindschaftssachen (FamFG)

Mit den in diesem Kapitel erörterten verfahrensrechtlichen Regelungen verfolgte der Gesetzgeber das erklärte Ziel, dem Gericht in jedem Einzelfall Spielraum für eine weitgehend am Kindeswohl orientierte Verfahrensgestaltung zu geben.

---

1 In der gesamten juristischen Literatur und vor allem in den Gesetzestexten ist Gendern bisher nicht üblich, weshalb im Kontext dieses Buches, das sich hauptsächlich mit juristischen Inhalten befasst, ebenfalls nicht gegendert, sondern die männliche Schreibweise umgesetzt wird.

4.1

§ 155 FamFG soll mit seinem ausdrücklichen und umfassenden Vorrang- und Beschleunigungsgebot eine Verkürzung der Verfahrensdauer bei Verfahren bewirken, die

- den Aufenthalt,
- das Umgangsrecht,
- die Herausgabe des Kindes oder
- eine Kindeswohlgefährdung

betreffen.

> **§ 155 FamFG**
> **Vorrang- und Beschleunigungsgebot**
> (1) Kindschaftssachen, die den Aufenthalt des Kindes, das Umgangsrecht oder die Herausgabe des Kindes betreffen, sowie Verfahren wegen Gefährdung des Kindeswohls sind vorrangig und beschleunigt durchzuführen.
> (2) Das Gericht erörtert in Verfahren nach Absatz 1 die Sache mit den Beteiligten in einem Termin. Der Termin soll spätestens einen Monat nach Beginn des Verfahrens stattfinden. Das Gericht hört in diesem Termin das Jugendamt an. Eine Verlegung des Termins ist nur aus zwingenden Gründen zulässig. Der Verlegungsgrund ist mit dem Verlegungsgesuch glaubhaft zu machen.
> (3) Das Gericht soll das persönliche Erscheinen der verfahrensfähigen Beteiligten zu dem Termin anordnen.
> (4) Hat das Gericht ein Verfahren nach Absatz 1 zur Durchführung einer Mediation oder eines anderen Verfahrens der außergerichtlichen Konfliktbeilegung ausgesetzt, nimmt es das Verfahren in der Regel nach drei Monaten wieder auf, wenn die Beteiligten keine einvernehmliche Regelung erzielen.

Die bevorzugte Erledigung der vorgenannten Verfahren hat nach dem Willen des Gesetzgebers „im Notfall auf Kosten anderer anhängiger Sachen zu erfolgen“. Weiter heißt es in der Gesetzesbegründung: „In der gerichtlichen Praxis werden sich Prioritäten zu Gunsten von Kindschaftssachen der genannten Art noch deutlicher als bisher herausbilden“ (vgl. BT-Drucks. 16/6308, S. 235). Bereits zuvor hatte sich das Bundesverfassungsgericht z. B. im Zusammenhang mit eilbedürftigen Anhörungen in Unterbringungsverfahren dahingehend geäußert, dass terminliche Auslastung bzw. arbeitsmäßige Überlastung allenfalls zur Folge haben müssen, eilige Dienstgeschäfte vorrangig – und zwar ausdrücklich zu Lasten anderer Verfahren – durchzuführen. Damit steht die vorrangige Behandlung bzw. die grundsätzliche Priorität der Kindschaftssachen (Stichwort: kindliches Zeitempfinden) außer Frage!

4.1.1

Nachdem der Europäische Gerichtshof für Menschenrechte die überlange Verfahrensdauer in Umgangsverfahren beanstandet und ausgeführt hatte, dass die Bestimmung des § 155 FamFG die Gerichte allenfalls dazu anhalten könne, ihrer Pflicht nachzukommen, die in § 155 FamFG genannten Verfahren mit besonderer Sorgfalt zu führen und die bestehenden Rechtsbehelfe letztlich keinen Schutz gegen überlange Verfahren bieten und auch keine Beschleunigung des Verfahrens vor dem Familiengericht bewirken würden (vgl. EGMR, Urteil v. 15.01.2015, Beschwerdenummer 62198/11, Rdnr. 138 ff.), reagierte der Gesetzgeber: Bereits 2016 wurde ein präventiv wirkender Rechtsbehelf zur Verfahrensbeschleunigung (unter ausdrücklichem Bezug auf die Entscheidung des EGMR) geschaffen mit der verfahrensrechtlichen Option, die Durchführung des beschleunigten Verfahrens sicher zu stellen. Hierbei handelt es sich um die – explizit für das Vorrang- und Beschleunigungsgebot eingeführte – „Beschleunigungsrüge“, § 155b FamFG, bzw. die „Beschleunigungsbeschwerde“, § 155c FamFG. Mit diesen Rechtsbehelfen können nunmehr alle Beteiligten eines kindschaftsrechtlichen Verfahrens (i. S. d. § 155 Abs. 1 FamFG) gegen unbegründete Verfahrensverzögerungen vorgehen.

§ 155b FamFG

Beschleunigungsrüge

(1) Ein Beteiligter in einer in § 155 Absatz 1 bestimmten Kindschaftssache kann geltend machen, dass die bisherige Verfahrensdauer nicht dem Vorrang- und Beschleunigungsgebot nach der genannten Vorschrift entspricht (Beschleunigungsrüge). Er hat dabei Umstände darzulegen, aus denen sich ergibt, dass das Verfahren nicht vorrangig und beschleunigt durchgeführt worden ist.

(2) Das Gericht entscheidet über die Beschleunigungsrüge spätestens innerhalb eines Monats nach deren Eingang durch Beschluss. Hält das Gericht die Beschleunigungsrüge für begründet, hat es unverzüglich geeignete Maßnahmen zur vorrangigen und beschleunigten Durchführung des Verfahrens zu ergreifen; insbesondere ist der Erlass einer einstweiligen Anordnung zu prüfen.

(3) Die Beschleunigungsrüge gilt zugleich als Verzögerungsrüge im Sinne des § 198 Absatz 3 Satz 1 des Gerichtsverfassungsgesetzes.

Die Regelung über die Beschleunigungsrüge befasst sich mit der Rügebefugnis, dem Antragsverfahren und den Modalitäten der gerichtlichen Entscheidung.

§ 155c FamFG

Beschleunigungsbeschwerde

(1) Der Beschluss nach § 155b Absatz 2 Satz 1 kann von dem Beteiligten innerhalb einer Frist von zwei Wochen nach der schriftlichen Bekanntgabe mit der Beschwerde angefochten werden. § 64 Absatz 1 gilt entsprechend. Das Gericht ist zur Abhilfe nicht befugt; es hat die Akten unverzüglich dem Beschwerdegericht nach Absatz 2 vorzulegen.

(2) Über die Beschleunigungsbeschwerde entscheidet das Oberlandesgericht, wenn das Amtsgericht den Beschluss nach § 155b Absatz 2 Satz 1 gefasst hat. Hat das Oberlandesgericht oder der Bundesgerichtshof den Beschluss gefasst, so entscheidet ein anderer Spruchkörper desselben Gerichts.
(3) Das Beschwerdegericht entscheidet unverzüglich nach Aktenlage; seine Entscheidung soll spätestens innerhalb eines Monats ergehen. § 68 Absatz 2 gilt entsprechend. Das Beschwerdegericht hat festzustellen, ob die bisherige Dauer des Verfahrens dem Vorrang- und Beschleunigungsgebot des § 155 Absatz 1 entspricht. Stellt es fest, dass dies nicht der Fall ist, hat das Gericht, dessen Beschluss angefochten worden ist, das Verfahren unter Beachtung der rechtlichen Beurteilung des Beschwerdegerichts unverzüglich vorrangig und beschleunigt durchzuführen.
(4) Hat das Gericht innerhalb der Monatsfrist des § 155b Absatz 2 Satz 1 keine Entscheidung über die Beschleunigungsrüge getroffen, kann der Beteiligte innerhalb einer Frist von zwei Monaten bei dem Beschwerdegericht nach Absatz 2 die Beschleunigungsbeschwerde einlegen. Die Frist beginnt mit Eingang der Beschleunigungsrüge bei dem Gericht. Die Absätze 2 und 3 gelten entsprechend.

Die Bestimmung über die Beschleunigungsbeschwerde enthält u. a. Regelungen über die Beschwerdefrist, die Beschwerdebefugnis, Zeitpunkt und Ort der Einlegung, Form der Beschwerde, Abhilfebefugnis und zuständiges Beschwerdegericht. Wegen weiterer Einzelheiten wird auf die Kommentierung bei Dutta/Jacoby/Schwab, FamFG, zu §§ 155b, 155c FamFG verwiesen.

4.1.2

§ 155 Abs. 2 FamFG fordert in den genannten Verfahren (s. o.)

- die gerichtliche Problemerörterung mit den Beteiligten
- die schnelle Terminierung innerhalb eines Monats nach Verfahrensbeginn (Anhängigkeit)
- die Einhaltung des gesetzten Termins – unter Erschwerung von (in der Gerichtspraxis häufig üblichen) Terminverlegungswünschen – namentlich seitens der Anwaltschaft.

Nach der Gesetzesbegründung (BT-Drucks. 16/6308, S. 236) soll die Erörterung der Sache „der Förderung der einvernehmlichen Konfliktlösung“ dienen, das Gesetz selbst spricht nur von der gerichtlichen „Erörterung“ mit den Beteiligten. Hinter einer schnellen Terminierung steht also die Absicht, eine Eskalierung des Elternkonfliktes zu vermeiden, weil oftmals gerade in zeitlichem Zusammenhang mit der Trennung die Kompetenz der Eltern zu verantwortlichem Handeln reduziert ist. Dies kann nicht nur zu einer Zuspitzung der elterlichen Konflikte führen, sondern auch zu weiteren Schädigungen des Kindes. Deshalb kann ein möglichst zügiges elterliches Gespräch mit dem Gericht helfen, den Blick auf die gemeinsame elterliche Verantwortung für ihr Kind zu stärken.

Schnelle Terminierung und Verfahrensbeschleunigung dürfen allerdings kein Selbstzweck sein. Sie sollen (allein) dem Kindeswohl dienen, können ihm aber auch durch übereilte oder nicht ausreichend ausermittelte Sachverhalte, Umstände oder Hintergründe schaden. Tragfähige einvernehmliche Regelungen setzen voraus, dass die Beteiligten mit ihren Sorgen und Problemen ernst genommen werden, dass Vorwürfe, Unterstellungen und gegenseitige Verletzungen hinterfragt, ausdiskutiert und ggf. mäßigend bewertet werden. Gefordert ist in aller Regel eine mehrdimensionale Einschätzung des streitigen Verfahrenskomplexes, die auf gründlicher Sammlung von Informationen über das vollständige handelnde System beruht. Nur eine Gesamteinschätzung und ihre fachliche Bewertung helfen bei der Problemlösung weiter.

4.1.3

Mit Blick auf das Vorrang- und Beschleunigungsgebot sollte daher, insbesondere auch in jugendamtlichen Stellungnahmen, auf folgende Punkte – gewissermaßen zur „Prüfung eines (allzu) schnellen Verfahrens" – geachtet werden:

- Widerspricht das Einvernehmen der Beteiligten etwa dem Kindeswohl (§ 156 Abs. 1 S. 1 letzter Halbsatz FamFG)?

Beispiel: Das Ehepaar E strebt eine schnelle Scheidung an: Die Mutter hat sich einem neuen Freund zugewandt, der Vater will sich unter anderem wegen der Trennung beruflich ins Ausland orientieren. Die zwölfjährige Tochter Larissa lehnt den Freund der Mutter ab, ebenso einen Wechsel ins Ausland. Die Eltern sprechen sich gemeinsam für einen Verbleib der Tochter bei der Mutter aus, was Larissa wegen des Freundes der Mutter ebenfalls ablehnt. In diesem Fall scheinen die Eltern – trotz ihres Einvernehmens – eher Eigeninteressen zu verfolgen, anstatt die berechtigten Interessen ihrer Tochter gebührend mit zu berücksichtigen.

- Ist im Falle von angeordneter Teilnahme an Beratung oder schriftlicher Begutachtung bei unsicherer Einschätzung der Sachlage der Umgang durch einstweilige Anordnung eventuell besser auszuschließen (§ 156 Abs. 3 S. 2 letzter Halbsatz FamFG)?

Beispiel: Die Eltern E streiten aus Anlass ihrer Trennung intensiv über Umgangsmöglichkeiten des achtjährigen Dennis zu seinem Vater. Dennis lehnt Kontakte zu seinem (zwischenzeitlich immer wieder – im Verhältnis zur Mutter – gewaltbereiten) Vater ab. Das Gericht beschließt ein Umgangsregelungsgutachten, dessen Fertigstellung eine längere Zeit benötigt. Da der Vater auf sofortigen Umgangskontakten besteht, wird das Gericht – nach Anhörung des Kindes zu seinen Zweifeln – möglicherweise den Umgang zunächst durch einstweilige Anordnung ausschließen.

Die Gesetzesbegründung verweist selbst darauf, dass das Beschleunigungsgebot nicht schematisch gehandhabt werden dürfe. Vielmehr könne im Einzelfall – jedenfalls in einem Hauptsacheverfahren – auch einmal ein Zuwarten mit dem Verfahrensabschluss oder ein zeitaufwändiger zusätzlicher Verfahrensschritt erforderlich oder gar sinnvoll sein. Der Grundsatz des Kindeswohls präge und begrenze zugleich das Beschleunigungsgebot (vgl. BT-Drucks. 16/6308, ebd.).

4.1.4

Die Erörterung erfolgt in einem Termin, der spätestens einen Monat nach Beginn des Verfahrens stattfinden soll, § 155 Abs. 2 S. 2 FamFG. Das Verfahren beginnt (z. B.) mit dem bei Gericht eingegangenen Antrag eines Beteiligten auf Regelung des Umgangs oder mit der Anregung des Jugendamts auf Einleitung eines Verfahren wegen Gefährdung des Kindeswohls. Terminverlegungen sind nur aus zwingenden Gründen zulässig und der Verlegungsgrund zudem glaubhaft zu machen, § 155 Abs. 2 S. 4 und 5 FamFG.

Das Gericht hört das Jugendamt in diesem „frühen" Termin an, § 155 Abs. 2 S. 3 FamFG, unabhängig von der Frage, ob das Jugendamt bereits Stellung genommen bzw. sich sonst in irgendeiner Form zu dem Verfahren (z. B. Antrag auf Umgang) geäußert hat. Da das Jugendamt in der Kürze der Zeit zwischen Antragseingang bei Gericht und frühem Erörterungstermin kaum in der Lage sein wird, den Sachverhalt umfassend auszuloten, einzuschätzen bzw. zu bewerten, legt § 50 Abs. 2 S. 5 SGB VIII fest, dass das Jugendamt in dem (frühen) Termin nach § 155 Abs. 2 FamFG das Familiengericht in den genannten Kindschaftssachen (nur) „über den Stand des Beratungsprozesses" informiert. Nicht mehr und nicht weniger.

Für eine solche (sachgerechte) Information ist allerdings die persönliche Anwesenheit des zuständigen Sachbearbeiters des Jugendamts zwingend erforderlich. Die Gerichtspraxis zeigt, dass die auf dem Vorrang- und Beschleunigungsgebot beruhende schnelle Terminierung im Ergebnis dann häufig „ins Leere läuft", wenn seitens des Jugendamts wegen der Kürze der Zeit keinerlei substantielle Einschätzung möglich ist. Dies gilt insbesondere dann, wenn keine (behörden-) eigenen Feststellungen und Erhebungen getroffen werden konnten. Diese setzen aber in aller Regel (prinzipiell) die Kontaktierung der Eltern voraus. Kann indes im gerichtlichen Termin eine inhaltliche Erörterung des Streitfalls nicht erfolgen, bleibt es in einem solchen (schnell angesetzten) Termin häufig beim bloßen Austausch von Beschuldigungen und Unterstellungen bzw. dem (oftmals) üblichen

Abstreiten und Leugnen mit der Folge von Verbitterung und Verfestigung der Streitpositionen. Im Ergebnis ist damit eine frühzeitige Terminabstimmung mit allen Beteiligten, namentlich zwischen Gericht und Jugendamt, sinnvoll.

Zu dem Termin soll das Gericht das persönliche Erscheinen der verfahrensfähigen Beteiligten anordnen, § 155 Abs. 3 FamFG. Hierzu gehören:

- die Eltern (§ 7 Abs. 1 und 2 FamFG)
- das Kind (soweit es von dem Verfahren unmittelbar betroffen ist, § 7 Abs. 2 Nr. 1 FamFG – als Beteiligter – und es das 14. Lebensjahr vollendet hat, § 9 Abs. 1 Nr. 3 FamFG, so dass es verfahrensfähig ist); aus Gründen des Kindeswohls kann von der Ladung des Kindes abgesehen werden („Soll-Regelung")
- der Verfahrensbeistand des Kindes (soweit bestellt, § 158b Abs. 3 FamFG).

Da das persönliche Erscheinen der Beteiligten anzuordnen ist, haben die Beteiligten zu erscheinen, ungeachtet einer anwaltlichen Vertretung. Bleiben sie dem Termin unentschuldigt fern, sieht das Gesetz als Sanktion die Verhängung eines Ordnungsgeldes vor (bis 1000 Euro), im Falle wiederholten unentschuldigten Ausbleibens kann das Gericht die zwangsweise Vorführung anordnen, § 33 Abs. 1 bis 3 FamFG. Mit den Sanktionen kann allerdings nur das (unentschuldigte) Fernbleiben vom Termin bzw. die Nichtbeachtung der persönlichen Anordnung geahndet werden, nicht hingegen ein Schweigen im Termin.

Gem. § 155 Abs. 4 FamFG wird ein Verfahren, das zur Durchführung einer Mediation bzw. eines anderen Verfahrens der außergerichtlichen Konfliktbeilegung (§ 36a FamFG) ausgesetzt wurde, nach drei Monaten fortgesetzt, wenn die Beteiligten keine einvernehmliche Regelung erzielen konnten.

4.1.5

Das Vorrang- und Beschleunigungsgebot des § 155 Abs. 1 und 2 FamFG ist darüber hinaus nach § 155a Abs. 2 und Abs. 4 FamFG auch in Verfahren zur Übertragung der gemeinsamen Sorge (§ 1626a Abs. 2 BGB) entsprechend anzuwenden. Da eine Gefährdung des Kindeswohls (teils) explizit auch in weiteren Verfahren angesprochen ist, z. B. in § 1632 Abs. 4 bzw. § 1682 oder § 1671 Abs. 4 BGB, liegt es an sich nahe, das Vorrang- und Beschleunigungsgebot auch auf diese Verfahren auszudehnen.

4.2

Ist aufgrund konkreter Umstände eine Kindeswohlgefährdung zu befürchten, sieht das Gesetz eine frühzeige Erörterung vor, und zwar bereits bei einer „möglichen" Gefährdung des Kindeswohls, § 157 Abs. 1 FamFG.

§157 FamFG

Erörterung der Kindeswohlgefährdung; einstweilige Anordnung

(1) In Verfahren nach den §§1666 und 1666a des Bürgerlichen Gesetzbuchs soll das Gericht mit den Eltern und in geeigneten Fällen auch mit dem Kind erörtern, wie einer möglichen Gefährdung des Kindeswohls, insbesondere durch öffentliche Hilfen, begegnet werden und welche Folgen die Nichtannahme notwendiger Hilfen haben kann.
(2) Das Gericht hat das persönliche Erscheinen der Eltern zu dem Termin nach Absatz 1 anzuordnen. Das Gericht führt die Erörterung in Abwesenheit eines Elternteils durch, wenn dies zum Schutz eines Beteiligten oder aus anderen Gründen erforderlich ist.
(3) In Verfahren nach den §§1666 und 1666a des Bürgerlichen Gesetzbuchs hat das Gericht unverzüglich den Erlass einer einstweiligen Anordnung zu prüfen.

Damit besteht die Gelegenheit, den „Eltern den Ernst der Lage vor Augen zu führen, auf mögliche Konsequenzen (z.B. den Entzug der elterlichen Sorge) hinzuweisen und darauf hinzuwirken, dass die Eltern notwendige Leistungen der Jugendhilfe annehmen und mit dem Jugendamt kooperieren" (vgl. Dutta/Jacoby/Schwab/Zorn, § 157 RN 2). Von diesem Termin ist das Jugendamt gem. § 162 Abs. 3 S. 1 FamFG zu benachrichtigen. Es liegt auf der Hand, dass das Jugendamt an dem Erörterungsgespräch bei Gericht (in jedem Fall) teilnehmen sollte, obwohl in diesem Verfahrensstadium zunächst nur die „Möglichkeit" einer Kindeswohlgefährdung angesprochen wird.

4.2.1

Die Bestimmung ist für die Praxis der Kindesschutzverfahren von großer Relevanz. Ohne die Bedeutung dieser Regelung und ihren Anwendungsgehalt zu überhöhen, darf festgestellt werden, dass mit dieser Regelung ein besonders praxisbezogenes Problem im behördlichen Umgang mit Kindeswohlgefährdungen angegangen wurde. Umso wichtiger erscheint es, die Anwendung von § 157 Abs. 1 FamFG im Verhältnis zu §§ 1666, 1666a BGB zu hinterfragen. Dabei gilt es einen gewissen Widerspruch zu klären: § 1666 Abs. 1 BGB lässt auf Grund des verfassungsrechtlich geschützten Elternrechts (Stichwort Erziehungsvorrang), Art. 6 Abs. 2 S. 1 GG, familiengerichtliche Maßnahmen nur unter der Voraussetzung der Gefährdung des Kindeswohls zu, wobei (völlig einhellig in Rechtsprechung und Literatur) eine Gefährdung in diesem Zusammenhang angenommen wird bei einer gegenwärtigen, in einem solchen Maß vorhandenen Gefahr, dass sich bei weiterer Entwicklung ohne Intervention eine erhebliche Schädigung mit ziemlicher Sicherheit voraussehen lässt (vgl. für alle: Grüneberg/Götz § 1666 RN 8 m. w. N.). Eine bloße Besorgnis künftiger Gefährdung genügt für eine gerichtliche Intervention nicht ohne weiteres, hinzukommt, dass das Kindeswohl nachhaltig und schwerwiegend gefährdet sein muss (vgl. Grüneberg/Götz wie vor). Mit anderen Worten: Die Gefahr muss konkret vorhanden und in ihrem (schweren) Ausmaß gegeben sein.

Demgegenüber sieht § 157 Abs. 1 FamFG die Erörterung einer „möglichen" Kindeswohlgefährdung nach §§ 1666, 1666a BGB vor, also ohne konkret festgestellte Kindeswohlgefährdung sowie im Vorfeld gerichtlicher Maßnahmen nach §§ 1666, 1666a BGB – ganz abgesehen von der Schwere der Gefährdung. Hinzu kommt, dass die Erörterung nach § 157 FamFG obligatorisch und jedenfalls für die Eltern verpflichtend ist und das Gericht ihr persönliches Erscheinen anzuordnen hat, § 157 Abs. 2 S. 1 FamFG.

Inwieweit diese Vorgehensweise als „Eingriff" zu werten ist, mag letztlich auf sich beruhen. Aus Sicht der Praxis bedeutsamer ist nämlich der Umstand, dass die gerichtliche Einwirkung auf die Eltern zu einem Zeitpunkt erfolgt, zu dem eine Kindeswohlgefährdung nur „möglich" ist, was in einem nicht ohne weiteres zu überbrückenden Widerspruch zu den Handlungsvoraussetzungen der §§ 1666, 1666a BGB (s. o.) steht.

4.2.2

Zum besseren Verständnis dieser Regelung (§ 157 Abs. 1 FamFG) ein kurzer Rückblick auf die Entstehungsgeschichte:

Die Bestimmung geht auf eine weithin inhaltsgleiche „Vorgängerregelung" (§ 50f Abs. 1 FGG a. F.) zurück, die mit dem Gesetz zur Erleichterung familiengerichtlicher Maßnahmen bei Gefährdung des Kindeswohls (2008) eingeführt worden war. Für die gesetzgeberische Absicht, ein „Erörterungsgespräch bereits in der Phase der Klärung stattfinden" zu lassen – also „bereits im Vorfeld und unabhängig von Maßnahmen nach den §§ 1666, 1666a BGB" (vgl. BT-Drucks. 16/6815, S. 17), war wiederum der mit dem Kinder- und Jugendhilfeweiterentwicklungsgesetz (2005) eingeführte § 8a Abs. 3 S. 1 zweiter Halbsatz SGB VIII (nach einer Reform nunmehr § 8a Abs. 2 S. 1 zweiter Halbsatz) in gewisser Weise „Vorbild": Nach dieser Bestimmung ist das Jugendamt verpflichtet, das Familiengericht anzurufen, wenn die Personensorgeberechtigten (…) „nicht bereit oder in der Lage sind, bei der Abschätzung des Gefährdungsrisikos" im Rahmen des Schutzauftrags des Jugendamts bei Kindeswohlgefährdung (§ 8a SGB VIII) „mitzuwirken". Durch diese Regelung war mit der Anrufung des Familiengerichts im Stadium der Klärung bzw. Abschätzung einer Gefährdung die Schwelle zur Einschaltung des Familiengerichts vorverlagert worden, ohne jedoch die sog. Eingriffsschwelle für ein Tätigwerden des Familiengerichts („mit erforderlichen Maßnahmen zur Gefahrenabwendung", § 1666 Abs. 1 BGB) abzusenken.

Eine Reihe „erschütternder Fälle von Misshandlung und Vernachlässigung von Kindern und Jugendlichen sowie besorgniserregender Fälle von Kinder- und Jugenddelinquenz" (mitsamt der juristischen Bewertung von zu Tage getretenen

Unzulänglichkeiten in den Verfahren) hatte die Bundesregierung dazu veranlasst, eine Arbeitsgruppe mit der Aufarbeitung gerichtlicher Maßnahmen einzusetzen (vgl. Arbeitsgruppe „Familiengerichtliche Maßnahmen bei Gefährdung des Kindeswohls", Abschlussbericht S. 1, 23 ff.). In dem Bericht wurde der Zeitpunkt der Anrufung der Familiengerichte durch die Jugendämter als ein wesentliches Problem in der Praxis angesehen (ebd. S. 23). So werde seitens der Justiz immer wieder die Kritik geäußert, dass die Jugendämter zu lange zögern würden, die Gerichte anzurufen, durch eine späte Anrufung der Familiengerichte könnten diese häufig nicht mehr mit Erfolg auf die Eltern einwirken. Aus Sicht der Jugendämter werde (u. a.) darauf hingewiesen, dass die Familiengerichte teils die Erwartung hätten, dass für die Anrufung die Schwelle der Kindeswohlgefährdung überschritten und öffentliche Hilfen vorher erfolglos angeboten worden sein müssten. Lehne das Familiengericht zudem Maßnahmen ab, stehe das Jugendamt gegenüber der Familie als „Verlierer" da, was die notwendige weitere Kooperation der Familie mit dem Jugendamt erheblich erschweren könne (ebd. S. 23). Der Bericht kam zu der Schlussfolgerung, dass die seinerzeit bereits mit der FGG – Reform beabsichtigte (und später auch Gesetz gewordene) Regelung der Erörterung der möglichen Gefährdung des Kindeswohls zu unterstützen sei, da das Gespräch dann bereits unterhalb der Schwelle zur Kindeswohlgefährdung erfolgen könne. Das Gespräch solle entweder unmittelbar an eine Anhörung anschließen oder in einem gesonderten Termin stattfinden. Die vorgeschlagene Erörterung stelle einen vor der abschließenden Entscheidung liegenden Verfahrensabschnitt dar (…), erst das Ergebnis des Gesprächs – also z. B. die konkrete Weisung, bestimmte öffentliche Hilfen in Anspruch zu nehmen – könne als Rechtsfolge in Form eines Beschlusses gefasst werden (ebd. S. 34, 35). Die Regelung der Erörterung der möglichen Gefährdung des Kindeswohls unterscheide sich schließlich auch hinreichend von der gesetzlich gebotenen Anhörung der Eltern, die ihrerseits der Sachverhaltsaufklärung und der Gewährung rechtlichen Gehörs diene, während die Erörterung der Kindeswohlgefährdung darauf ausgerichtet sei, wie eine mögliche Gefährdung für das Kind abgewendet werden könne (ebd.). In der Folgezeit wurde die (auch) von der Arbeitsgruppe befürwortete und vorgeschlagene „Erörterung der möglichen Kindeswohlgefährdung" im Wesentlichen inhaltsgleich mit § 157 Abs. 1 FamFG Gesetz.

Mit der Entstehungsgeschichte der Vorschrift ist verdeutlicht, dass (oder wie) der Gesetzgeber bemüht war, der verbreiteten Praxis der Jugendämter – die Familiengerichte aus den genannten Gründen spät (bzw. zu spät) zu kontaktieren – entgegen zu treten und der (zögerlichen) Anrufung in Verfahren wegen Kindeswohlgefährdung durch das Gebot der Erörterung einer „möglichen" Kindeswohlgefährdung ein Ende zu setzen.

Im Ergebnis lassen sich daher Sinn und Zweck der Vorschrift am ehesten mit dem Bestreben des Gesetzgebers nachvollziehen, einerseits die Eingriffsschwelle bei Kindeswohlgefährdungen (§ 1666 BGB) nicht zu Lasten des Elternrechts abzusenken und andererseits das Kindeswohl früher „in den Blick zu nehmen“. In diesem Zusammenhang wird auch damit argumentiert, dass „im Interesse des Kindeswohls gegen diese Vorverlagerung gerichtlicher Intervention im Ergebnis nichts einzuwenden sei, weil der Staat (…) ‚nur‘ in aufklärender, kontrollierender und warnender Funktion auftritt“ (vgl. Dutta/Jacoby/Schwab/Zorn, § 157, RN 6 m. w. N.).

Durch die vorzunehmende Erörterung der möglichen Kindeswohlgefährdung wird der Schwerpunkt der Prüfung mehr auf Überlegungen gelenkt, ob eine Gefährdung besteht und wie sie zu beheben ist, als auf die Feststellung der Gefährdung und ihre Sanktionierung. Dabei sollte nicht übersehen werden, dass es häufig in Verfahren wegen Kindeswohlgefährdung zunächst zu untersuchen gilt, ob und inwieweit eine (von den Eltern bestrittene) Gefährdungslage besteht oder ob z. B. lediglich eine defizitäre Erziehungslage unterhalb gerichtlicher Eingriffsmöglichkeiten vorliegt – eine in der Praxis häufig anzutreffende und zumeist nur sachverständigerseits zu bewertende Situation.

4.2.3

Zu Recht wird deshalb das Gespräch nach § 157 FamFG als „Teil des Verfahrens nach den §§ 1666, 1666a BGB“ eingestuft, da ein solches Gespräch „nur in den Fällen an der Grenze zur Kindeswohlgefährdungsschwelle vom staatlichen Wächteramt gedeckt“ sei (vgl. OLG Frankfurt FamRZ 2010, 1094 unter Bezug auf MünchKomm/Schumann, a. a. O.). Im Zusammenhang mit der Prüfung des Anspruchs auf Verfahrenskostenhilfe für einen solchen Erörterungstermin führt das OLG Frankfurt weiter aus: „Die Tatsache, dass es sich um einen Anhörungstermin (§ 157 FamFG, der Verf.) gehandelt hat und in diesem eine Lösung zur Abwendung möglicher Gefahren für die beiden Kinder – zumindest vorläufig – gefunden werden konnte, steht dem (Anspruch auf Verfahrenskostenhilfe, der Verf.) nicht entgegen. Auch vor dem Hintergrund, dass das Familiengericht, wenn es im Termin keine Maßnahmen nach den §§ 1666, 1666a BGB ergreift, das Verfahren vorrangig und beschleunigt (vgl. § 155 FamFG) zu Ende bringen muss, wenn die im Erörterungstermin nach § 157 FamFG unterstellten Annahmen sich nicht bestätigen (…), spricht für die Bedeutung eines solchen Anhörungstermins (…)“ (vgl. OLG Frankfurt, ebd. S. 1095).

4.2.4

Ohne Frage bringt die Verfahrensregelung des § 157 FamFG eine schnelle inhaltliche Diskussion bei Gericht in Gang, die viele Richtungen nehmen kann: Vielleicht Einsicht zur Änderung und Durchsetzung von Erziehungsmaßnahmen (z. B. bei Schulversäumnissen) oder allseitiges Einvernehmen über die notwendige Inanspruchnahme von öffentlichen Hilfen (§ 27 ff. SGB VIII), gegebenenfalls auch mit dem Ziel, zu klären, welche konkreten Hilfen – unter Umständen zusätzlich – in Betracht gezogen werden können oder welche (grundsätzlichen) Hinderungsgründe für die Inanspruchnahme von Hilfen seitens der Beteiligten gesehen werden.

Eine schnelle Terminierung des Erörterungsgespräches (§ 157 Abs. 1 u. 2 FamFG) ist schon allein durch § 155 FamFG geboten. Darüber hinaus hinterlässt die (zügige) Einschaltung des Gerichts bei den Beteiligten den Eindruck konsequenten Einschreitens, zumal sämtliche Handlungsalternativen nicht nur offen diskutiert, sondern auch umgehend bzw. unmittelbar vom Gericht um- bzw. durchgesetzt werden können.

4.2.5

Zusammenfassend ist feststellen, dass die Erörterung einer „möglichen" Kindeswohlgefährdung eine allseitige und zügige Einschätzung erlaubt, ob eine – gegebenenfalls sogar eine akute – Kindeswohlgefährdung vorliegt und inwieweit eine sofortige gerichtliche Reaktion, bejahendenfalls welche (z. B. Einleitung eines Verfahrens wegen Kindeswohlgefährdung wegen mangelnder Handlungsbereitschaft der Sorgeberechtigten), erforderlich ist.

Gem. § 157 Abs. 2 S. 1 ist das Gericht verpflichtet, das persönliche Erscheinen der Eltern zu dem Erörterungstermin anzuordnen. Dem persönlichen Erscheinen können die Eltern sich nicht entziehen, auch wenn die Eltern eine anwaltliche Vertretung oder einen Bevollmächtigten haben, der an dem Termin teilnimmt. Kommen die Eltern der Anordnung zum persönlichen Erscheinen (unentschuldigt) nicht nach, sieht das Gesetz als Sanktion die Verhängung von Ordnungsgeld oder im Falle wiederholten unentschuldigten Ausbleibens die Vorführung vor, § 33 Abs. 2 u. 3 FamFG. Ist der Schutz eines Elternteils erforderlich, wird die Anhörung in Abwesenheit des anderen Elternteils durchgeführt, § 157 Abs. 2 S. 2 FamFG.

4.2.6

Gem. § 157 Abs. 3 FamFG obliegt es dem Familiengericht in Verfahren wegen Kindeswohlgefährdung (§§ 1666, 1666a BGB), unverzüglich den Erlass einer einstweiligen Anordnung zu prüfen. Die Gesetzesfassung – Erörterung einer möglichen Gefährdung des Kindeswohls in Abs. 1 u. 2 und unverzügliche Prüfung einer einstweiligen Anordnung in Abs. 3 – ist insoweit missverständlich, als der Eindruck entstehen kann, dass in einem Erörterungstermin nach Abs. 1 u. 2 – je nach Gesprächsverlauf – mit dem Erlass einer einstweiligen Anordnung gerechnet werden müsste.

Zwar kann das Erörterungsgespräch nach § 155 FamFG mit einer Erörterung nach § 157 Abs. 1 u. 2 FamFG verbunden werden, zumal das Verfahren wegen Kindeswohlgefährdung mit allen seinen (verfahrensgestaltenden Verfahrensstadien als einheitliches Verfahren anzusehen ist (s. o.). Dennoch ist die Prüfung des Erlasses einer einstweiligen Anordnung (§ 157 Abs. 3 FamFG) ohne konkreten Bezug zu dem Erörterungsgespräch zu betrachten: Die einstweilige Anordnung setzt nämlich grundsätzlich ein Verfahren wegen Kindeswohlgefährdung voraus, während die Erörterung der möglichen Kindeswohlgefährdung gerade ein „gerichtliches Einwirken auf die Eltern im Vorfeld eines Verfahrens ohne konkrete Kindeswohlgefährdung gestattet (…), unabhängig von Maßnahmen nach § 1666 BGB“ (Dutta/Jacoby/Schwab/Zorn, § 157 RN 6 m. w. N.).

4.3

§ 156 FamFG befasst sich mit Pflicht des Gerichts, auf ein Einvernehmen der Beteiligten hinzuwirken.

§ 156 FamFG

Hinwirken auf Einvernehmen

(1) Das Gericht soll in Kindschaftssachen, die die elterliche Sorge bei Trennung und Scheidung, den Aufenthalt des Kindes, das Umgangsrecht oder die Herausgabe des Kindes betreffen, in jeder Lage des Verfahrens auf ein Einvernehmen der Beteiligten hinwirken, wenn dies dem Kindeswohl nicht widerspricht. Es weist auf Möglichkeiten der Beratung durch die Beratungsstellen und -dienste der Träger der Kinder- und Jugendhilfe insbesondere zur Entwicklung eines einvernehmlichen Konzepts für die Wahrnehmung der elterlichen Sorge und der elterlichen Verantwortung hin. Das Gericht kann anordnen, dass die Eltern einzeln oder gemeinsam an einem kostenfreien Informationsgespräch über Mediation oder über eine sonstige Möglichkeit der außergerichtlichen Konfliktbeilegung bei einer von dem Gericht benannten Person oder Stelle teilnehmen und eine Bestätigung hierüber vorlegen. Es kann ferner anordnen, dass die Eltern an einer Beratung nach Satz 2 teilnehmen. Die Anordnungen nach den Sätzen 3 und 4 sind nicht selbständig anfechtbar und nicht mit Zwangsmitteln durchsetzbar.

(2) Erzielen die Beteiligten Einvernehmen über den Umgang oder die Herausgabe des Kindes, ist die einvernehmliche Regelung als Vergleich aufzunehmen, wenn das Gericht diese billigt (gerichtlich gebilligter Vergleich). Das Gericht billigt die Umgangsregelung, wenn sie dem Kindeswohl nicht widerspricht.

(3) Kann in Kindschaftssachen, die den Aufenthalt des Kindes, das Umgangsrecht oder die Herausgabe des Kindes betreffen, eine einvernehmliche Regelung im Termin nach § 155 Abs. 2 nicht erreicht werden, hat das Gericht mit den Beteiligten und dem Jugendamt den Erlass einer einstweiligen Anordnung zu erörtern. Wird die Teilnahme an einer Beratung, an einem kostenfreien Informationsgespräch über Mediation oder einer sonstigen Möglichkeit der außergerichtlichen Konfliktbeilegung oder eine schriftliche Begutachtung angeordnet,

soll das Gericht in Kindschaftssachen, die das Umgangsrecht betreffen, den Umgang durch einstweilige Anordnung regeln oder ausschließen. Das Gericht soll das Kind vor dem Erlass einer einstweiligen Anordnung persönlich anhören.

Im Blickfeld des § 156 FamFG stehen die Kindschaftssachen

- der elterlichen Sorge bei Trennung und Scheidung,
- des Aufenthalts des Kindes,
- der Herausgabe des Kindes und
- des Umgangsrechts.

4.3.1

Zu den Verfahren der elterlichen Sorge bei Trennung und Scheidung gehört wegen der inhaltlichen Nähe selbstverständlich auch ein Verfahren wegen Übertragung der elterlichen Sorge auf beide Eltern gemeinsam nach § 1626a Abs. 2 BGB. Bei weiteren Verfahren ist die Anwendung von § 156 FamFG von einem Sachzusammenhang mit einem der in § 156 Abs. 1 FamFG genannten Verfahren abhängig; von Amts wegen durchzuführende Verfahren, z. B. wegen Gefährdung des Kindeswohls, §§ 1666, 1666a BGB, fallen mangels Dispositionsbefugnis der Parteien nicht darunter.

Die Eltern sollen hier in jedem Verfahrensstadium zu einer Einigung angehalten werden. Dabei soll auf die (üblichen) Beratungsdienste der Träger der Kinder- und Jugendhilfe (vgl. §§ 17, 18 SGB VIII) hingewiesen werden, und zwar insbesondere zur Entwicklung eines einvernehmlichen Konzepts für die Wahrnehmung der elterlichen Sorge und der elterlichen Verantwortung. Das Hinwirken auf Einvernehmen darf allerdings nicht dem Kindeswohl widersprechen, so ausdrücklich § 156 Abs. 1 S. 1, Abs. 2 S. 2 FamFG, da das gesamte Verfahren – in erster Linie – dem Interesse des Kindes dient!

4.3.2

Mit dem „Gesetz zur Förderung der Mediation und anderer Verfahren der außergerichtlichen Konfliktbeilegung“ (2012) wurde das gesetzgeberische Anliegen, die Parteien verstärkt zu einer einvernehmlichen Konfliktlösung anzuhalten, explizit weiter verfolgt.

§ 36a FamFG

Mediation, außergerichtliche Konfliktbeilegung

(1) Das Gericht kann einzelnen oder allen Beteiligten eine Mediation oder ein anderes Verfahren der außergerichtlichen Konfliktbeilegung vorschlagen. In Gewaltschutzsachen sind die schutzwürdigen Belange der von Gewalt betroffenen Person zu wahren.

(2) Entscheiden sich die Beteiligten zur Durchführung einer Mediation oder eines anderen Verfahrens der außergerichtlichen Konfliktbeilegung, setzt das Gericht das Verfahren aus.
(3) Gerichtliche Anordnungs- und Genehmigungsvorbehalte bleiben von der Durchführung einer Mediation oder eines anderen Verfahrens der außergerichtlichen Konfliktbeilegung unberührt.

Gem. § 156 Abs. 1 Satz 3 und Satz 4 FamFG kann das Gericht deshalb sowohl

- die Teilnahme an einer Beratung durch Beratungsstellen der Träger der Kinder- und Jugendhilfe (§ 156 Abs. 1 S. 2 FamFG) wie auch
- die Teilnahme an einem kostenfreien Informationsgespräch über Mediation oder über eine sonstige Möglichkeit der außergerichtlichen Konfliktbeilegung (§ 156 Abs. 1 S. 3 FamFG) anordnen.

Gem. § 156 Abs. 1 S. 5 FamFG ist die jeweilige Anordnung weder selbständig anfechtbar, noch mit Zwangsmitteln durchsetzbar. Jedoch: Die Verweigerung der angeordneten Teilnahme an einer Beratung soll die Verpflichtung zur Tragung der Kosten des Verfahrens nach sich ziehen, § 81 Abs. 2 Nr. 5 FamFG. Bei der hohen Zahl der mit Verfahrenskostenhilfe geführten Prozesse wohl kaum eine wirksame Maßnahme.

Sind die Beteiligten auf Vorschlag des Gerichts zur Durchführung einer Mediation oder eines anderen Verfahrens der außergerichtlichen Konfliktbeilegung bereit, wird das Verfahren von Amts wegen ausgesetzt, § 36a Abs. 2 FamFG.

Die letztlich im Interesse des Kindes auf eigenständige Konfliktlösung ausgerichtete Bestimmung versteht offensichtlich nur die Eltern als „Beteiligte" der fraglichen Verfahren, denn nur sie können den bestehenden Streit einvernehmlich beilegen – nicht das Jugendamt, ungeachtet dessen etwaiger Beteiligung beim „gerichtlich gebilligten Vergleich", § 156 Abs. 2 FamFG (hierzu gleich).

4.3.3

Fraglich ist, unter welchen Kriterien das Gericht auf eine Einigung „hinwirkt" bzw. die getroffene Einigung in Bezug auf das Kindeswohl hinterfragt und bewertet, insbesondere wenn eine gerichtliche Billigung der einvernehmlichen Regelung erfolgt, § 156 Abs. 2 FamFG. Denn ein „Hinwirken" auf ein Einvernehmen, § 156 Abs. 1 S. 1 FamFG, kommt (in sämtlichen genannten Verfahren) ausdrücklich nur in Betracht, wenn dies dem Kindeswohl nicht widerspricht; gemeint sind hier allgemeine Kindeswohlerwägungen wie z. B. Fälle häuslicher Gewalt. Ferner darf das Gericht eine Einigung über eine Umgangsregelung nur billigen, wenn dies dem Kindeswohl nicht widersprechen würde, § 156 Abs. 2 S. 2 FamFG. Die Herausstellung der Billigung von Umgangsregelungsvergleichen beruht darauf, dass das Umgangsrecht als subjektives Recht des Kindes nicht zur

Disposition der Eltern steht und daher durch das staatliche Wächteramt besonders schutzwürdig ist. Hier hat das Gericht also die Interessen des Kindes (mit seinem eigenständigen Recht auf Umgang zu jedem Elternteil) in besonderem Maße sicher zu stellen und darauf zu achten, dass die Eltern in genügendem Maße ihrer Umgangspflicht bzw. ihrer Umgangsgewährungspflicht genügen.

4.3.4
Für eine vergleichsweise getroffene einvernehmliche Regelung über

- den Umgang oder
- die Herausgabe des Kindes

sieht das Gesetz ausdrücklich den in § 156 Abs. 2 FamFG angesprochenen „gerichtlich gebilligten Vergleich" vor. Entscheidend ist also nicht allein die Einigung der Eltern, sondern, dass das Gericht die Umgangsvereinbarung sämtlicher Beteiligter billigt – sofern die Regelung dem Kindeswohl nicht widerspricht.

Inwieweit das Kind als unmittelbar betroffene Person – und damit als Beteiligter gem. § 7 Abs. 2 Nr. 1 FamFG – dem Vergleich zustimmen kann/muss, hängt von der weiteren Voraussetzung der Verfahrensfähigkeit ab (hierzu im Einzelnen im Gesamtzusammenhang von Beteiligung und Verfahrensfähigkeit in Kap. I, 7). Dass das Gericht mit dem Kind im Rahmen seiner Anhörung die Einigung der Eltern erörtern wird, ist rechtlich von seiner Zustimmung als Beteiligter zu trennen. Die Gesetzesbegründung zu § 156 Abs. 2 FamFG geht ohne jede weitere Erläuterung als selbstverständlich davon aus, dass das Kind einem „gerichtlich gebilligten Vergleich" zustimmen müsse. Hierzu wird inhaltlich auf die Vorgängerbestimmung des § 156 Abs. 2 FamFG (§ 52a Abs. 4 Satz 3 FGG a. F.) verwiesen, die allerdings lediglich auf das Einvernehmen der Eltern abstellt (vgl. BT-Drucks. 16/6308 S. 237).

Zu den Beteiligten gehört auch der gerichtlich bestellte Verfahrensbeistand. Er muss ebenfalls der Regelung im Einzelnen zustimmen, § 158b Abs. 3 S. 2 FamFG.

Die Zustimmung des Jugendamts ist nur dann erforderlich, wenn es auf seinen Antrag hin am Verfahren beteiligt worden ist (hierzu unter Kap. I, 7) – im Rahmen der Erläuterung der Verfahrensbeteiligung), denn die (verpflichtende) Anhörung des Jugendamts im Verfahren macht es noch nicht zum Beteiligten i. S. d. Gesetzes, vgl. § 7 Abs. 6 FamFG.

Der gerichtlich gebilligte Vergleich ist ein Vollstreckungstitel im Sinne von § 86 Abs. 1 Nr. 2 FamFG. Das bedeutet, dass der Elternteil, dem nach einem gerichtlich gebilligten Vergleich ein Umgangsrecht mit dem Kind zusteht, den Umgang aufgrund dieses Vergleichs mit gerichtlicher Hilfe durchsetzen („vollstrecken") kann. Insoweit ist es wiederum wichtig, dass dieser Vergleich einen vollstreckungsfähigen Inhalt hat. Dies ist nur der Fall, wenn das Umgangsrecht nach Zeit, Ort, Häufigkeit und Dauer im Einzelnen näher geregelt worden ist.

4.3.5

Die ergebnislose oder erfolglose Erörterung der in § 156 Abs. 3 Satz 1 FamFG genannten Kindschaftssachen über

- Aufenthalt,
- Herausgabe und
- Umgang des Kindes

also explizit nicht in Verfahren über die elterliche Sorge bei Trennung und Scheidung – setzt in gewisser Weise eine Zäsur und führt zu weiteren Überlegungen über das Wohl des betroffenen Kindes: Kann in dem durchgeführten frühen Termin (§ 155 Abs. 2 FamFG) im Verfahren über Aufenthalt, Umgang und Herausgabe des Kindes nämlich keine einvernehmliche Regelung erzielt werden, muss der Erlass einer einstweiligen Anordnung mit den Beteiligten und dem Jugendamt erörtert werden. Spätestens jetzt dürfte den Beteiligten klarwerden, dass die hier in Rede stehenden Verfahrensgegenstände aus Gründen des Kindeswohls einer dringlichen Entscheidung bedürfen – und zwar auf der Grundlage der Erörterungen und einer erst überschlägigen Einschätzung von Gericht und Jugendamt und im erklärten Interesse des Kindes, was den einen oder anderen beteiligten Elternteil vielleicht dazu bewegt, eigene Interessen (zumindest vorläufig) zurückzustellen.

Sofern die Beteiligten in einem Verfahren über den Umgang des Kindes keine einvernehmliche Einigung erzielen können – und hierdurch die gerichtliche Anordnung zur Teilnahme an einer Beratung für notwendig befunden wird oder das Gericht eine schriftliche Begutachtung anordnet – hat das Gericht den Umgang durch einstweilige Anordnung „zu regeln oder auszuschließen", § 156 Abs. 3 S. 2 FamFG. Für jede Überlegung in dieser Richtung ist allerdings die zuvor im Beisein des Vertreters des Jugendamts und in Gegenwart des Verfahrensbeistands durchzuführende Anhörung des Kindes Voraussetzung, um zu klären, ob – im Falle einer Verfahrensverzögerung durch die angeordnete Beratung oder die schriftliche Begutachtung gem. § 156 Abs. 3 S. 2 FamFG – Umgangskontakte vom Kind selbst und in welcher Form erwünscht sind (Stichwort: Entfremdung). Insoweit ist wiederum von besonderer Bedeutung, dass das Umgangsrecht des Kindes grundsätzlich nicht antragsgebunden ist und eine Regelung deshalb – orientiert am Kindeswohl – von Amts wegen ergehen kann/soll, vgl. § 1684 Abs. 3 Satz 1 BGB.

§ 1684 BGB
Umgang des Kindes mit den Eltern

(1) Das Kind hat das Recht auf Umgang mit jedem Elternteil; jeder Elternteil ist zum Umgang mit dem Kind verpflichtet und berechtigt.

(2) Die Eltern haben alles zu unterlassen, was das Verhältnis des Kindes zum jeweils anderen Elternteil beeinträchtigt oder die Erziehung erschwert. Entsprechendes gilt, wenn sich das Kind in der Obhut einer anderen Person befindet.

(3) Das Familiengericht kann über den Umfang des Umgangsrechts entscheiden und seine Ausübung, auch gegenüber Dritten, näher regeln. Es kann die Beteiligten durch Anordnungen zur Erfüllung der in Absatz 2 geregelten Pflicht anhalten. Wird die Pflicht nach Absatz 2 dauerhaft oder wiederholt erheblich verletzt, kann das Familiengericht auch eine Pflegschaft für die Durchführung des Umgangs anordnen (Umgangspflegschaft). Die Umgangspflegschaft umfasst das Recht, die Herausgabe des Kindes zur Durchführung des Umgangs zu verlangen und für die Dauer des Umgangs dessen Aufenthalt zu bestimmen. Die Anordnung ist zu befristen. Für den Ersatz von Aufwendungen und die Vergütung des Umgangspflegers gilt § 277 des Gesetzes über das Verfahren in Familiensachen und in den Angelegenheiten der freiwilligen Gerichtsbarkeit entsprechend.

(…)

5. Die Erörterung in Kindschaftssachen

Eine erfolgversprechende „Erörterung" bestimmter Kindschaftsverfahren durch das Gericht (§ 155 Abs. 2 FamFG), oder ein überzeugendes gerichtliches „Hinwirken" auf ein Einvernehmen der Beteiligten (§ 156 Abs. 1 FamFG) bzw. die „Erörterung" des Erlasses einer einstweiligen Anordnung (§ 156 Abs. 3 FamFG) und die „Erörterung" einer möglichen Kindeswohlgefährdung (§ 157 Abs. 1 FamFG) setzen – neben dem Wissen um die rechtlichen Aspekte der einzelnen Verfahrensgegenstände (elterliche Sorge bei Trennung und Scheidung, Umgangsrecht/Aufenthalt/Herausgabe des Kindes, Kindeswohlgefährdung) – weitere Kompetenzen des Gerichts (unter anderem z. B. im Hinblick auf die Gesprächsführung) voraus. Eine fachliche Qualifizierung hinsichtlich dieser Kompetenzen – insbesondere bei den Familiengerichten – war über lange Zeit immer wieder ein Thema in der Fachöffentlichkeit – mal mehr, mal weniger.

Mit dem Gesetz zur Bekämpfung sexualisierter Gewalt gegen Kinder (2021), dessen Anlass erneute schreckliche Missbrauchsfälle waren, hat der Gesetzgeber nunmehr die Frage der Qualifikationsanforderungen bei den Familiengerichten aufgegriffen und konsequent geregelt: „Richter in Familiensachen sollen über belegbare Kenntnisse auf den Gebieten des Familienrechts, insbesondere des Kindschaftsrechts, des Familienverfahrensrechts und der für das Verfahren in Familiensachen notwendigen Teile des Kinder- und Jugendhilferechts sowie über belegbare Grundkenntnisse der Psychologie, insbesondere der

Entwicklungspsychologie des Kindes, und der Kommunikation mit Kindern verfügen. Einem Richter, dessen Kenntnisse auf diesem Gebiet nicht belegt sind, dürfen die Aufgaben eines Familienrichters nur zugewiesen werden, wenn der Erwerb der Kenntnisse alsbald zu erwarten ist. Von den Anforderungen nach den Sätzen 3 und 4 kann bei Richtern, die nur im Rahmen eines Bereitschaftsdienstes mit der Wahrnehmung familiengerichtlicher Aufgaben befasst sind, abgewichen werden, wenn andernfalls ein ordnungsgemäßer und den betroffenen Richtern zumutbarer Betrieb des Bereitschaftsdienstes nicht gewährleistet wäre", § 23b Abs. 3 GVG. Diese Regelung trat zum 01.01.2022 in Kraft. Endlich.

6. Exkurs: Spezifische Problematik bei Umgangsregelungsverfahren

Das gesetzgeberische Ziel der „effizienteren Gestaltung der Durchsetzung von Entscheidungen (...) zu Umgangsregelungen" durch

- Verfahrensbeschleunigung
- Sicherstellung von Umgangsentscheidungen
- Förderung einvernehmlicher Regelungen über das Umgangs- und Sorgerecht

darf zu keinem Verfahrenszeitpunkt das Wohl der beteiligten Kinder aus den Augen verlieren. Die Zahlen der gerichtlichen Verfahren über das Umgangsrecht in den letzten Jahren legen die Vermutung nahe, dass sich in der familiengerichtlichen Praxis die Problempunkte bei sog. „hochstrittiger Elternschaft" vom Sorgerecht auf das Umgangsrecht verlagert haben.

Bei der Umgangsproblematik halten allerdings gerade langjährige Praktiker weitergehende kinderpsychologische und sozialwissenschaftliche Diskussionen über Sinn und Zweck problembelasteter Umgangskontakte für dringend notwendig. Folgende Fragen bedürfen in diesem Zusammenhang näherer Betrachtung/ Untersuchung:

- Ist tatsächlich der (gerichtlich) erzwungene Umgang bzw. dessen zeitlich festgelegte Taktung förderlich für das Wohl des Kindes?
- Sind nicht vielmehr Art und Qualität des Umgangs von Bedeutung?
- Welche Faktoren sind eigentlich entscheidend für das Wohlergehen eines Kindes bei der Wahrnehmung der Umgangskontakte?
- Welche Bedeutung hat eine sichere Bindung des Kindes zu seinem betreuenden Elternteil, die durch hochstrittige Umgangskontakte mit dem anderen Elternteil gegebenenfalls fortlaufend Störungen unterliegt?

- Wie wirken sich stabile ökonomische Lebensverhältnisse (z. B. durch verlässliche Unterhaltszahlungen des barunterhaltspflichtigen Elternteils!) auf die Entwicklung des Kindes und sein Lebensumfeld aus?

Dass die stringente Verwirklichung des Umgangs – so wie sie aus Sicht des Gesetzgebers für erforderlich erachtet wird – tatsächlich der maßgebliche Indikator für das Wohl des Kindes ist, erscheint angesichts langwieriger sich häufender Gerichtsverfahren eher fraglich. Völlig zu Recht (aus hiesiger Sicht) wird dementsprechend in der Literatur darauf verwiesen, dass nicht übersehen werden dürfe, „dass gerade in Umgangsverfahren ein staatlicher Hoheitsakt die Probleme nicht lösen wird und daher eine gütliche Einigung oberstes Ziel bleiben muss, das zu erreichen manchmal gewisser Zeit bedarf“ (Schulte-Bunert/Weinreich/Ziegler § 156 RN 6)

7. Verfahrensbeteiligung und Verfahrensfähigkeit

7.1

Durch den Begriff des sog. Beteiligten regelt das Gesetz, wer in dem konkreten Verfahren zu „beteiligen“ ist bzw. – vereinfacht ausgedrückt – welche Mitwirkungsfunktionen oder welche Mitwirkungsrechte/-pflichten ihm zustehen.

Das Gesetz unterscheidet in § 7 FamFG die Beteiligung „kraft Gesetzes“, § 7 Abs. 1 FamFG, und die Beteiligung „kraft Hinzuziehung“, § 7 Abs. 2 und Abs. 3 FamFG.

> **§ 7**
> **Beteiligte**
>
> (1) In Antragsverfahren ist der Antragsteller Beteiligter.
> (2) Als Beteiligte sind hinzuzuziehen:
> 1. diejenigen, deren Recht durch das Verfahren unmittelbar betroffen wird,
> 2. diejenigen, die auf Grund dieses oder eines anderen Gesetzes von Amts wegen oder auf Antrag zu beteiligen sind.
>
> (…)
> (4) Diejenigen, die auf ihren Antrag als Beteiligte zu dem Verfahren hinzuzuziehen sind, oder hinzugezogen werden können, sind von der Einleitung des Verfahrens zu benachrichtigen, soweit sie dem Gericht bekannt sind. Sie sind über ihr Antragsrecht zu belehren.
> (…)
> (6) Wer anzuhören ist oder eine Auskunft zu erteilen hat, ohne dass die Voraussetzungen des Absatzes 2 oder Absatzes 3 vorliegen, wird dadurch nicht Beteiligter.

Fähig zur Beteiligung i. S. d. Gesetzes sind (u. a.) grundsätzlich natürliche Personen und Behörden, § 8 Nr. 1 u. 3 FamFG.

§8

Beteiligtenfähigkeit

Beteiligtenfähig sind

1. natürliche und juristische Personen,
2. (...)
3. Behörden.

Im Einzelnen: Gemäß §7 Abs. 1 FamFG ist „im Antragsverfahren" der Antragsteller Beteiligter. Gegenstück zum „Antragsverfahren" ist das „Amtsverfahren", § 24 FamFG, zu dessen Einleitung allerdings auch „angeregt" werden kann. Der Antragsteller ist – an sich selbstverständlich – kraft Gesetzes Beteiligter, weil es, vereinfacht ausgedrückt, um seine Interessen und Rechte(„Anträge") geht, die er verfolgt und die er vom Gericht entschieden haben will.

Als Beteiligte „hinzuzuziehen" sind gem. §7 Abs. 2 diejenigen, deren Recht durch das Verfahren unmittelbar betroffen wird (Nr. 1), sowie diejenigen, die aufgrund dieses oder eines anderen Gesetzes „von Amts wegen" oder „auf Antrag" zu beteiligen sind (Nr. 2) – sogenannte „Muss-Beteiligte". Weitere Personen können vom Gericht als Beteiligte hinzugezogen werden, § 7 Abs. 3 – sog. „Kann-Beteiligte".

Beispiel: Die getrennt lebenden Eltern von Jasmin (9 Jahre), die bei ihrem Vater lebt, streiten sich über das Umgangsrecht von Jasmin mit ihrer Mutter. Das Gericht hat für Jasmin einen Verfahrensbeistand bestellt und das Jugendamt um eine Stellungnahme im Rahmen der Anhörung gebeten. Beteiligte kraft Gesetzes sind die Eltern (§7 Abs. 1 FamFG als Antragsteller) und Jasmin (§ 7 Abs. 2 Nr. 1 als unmittelbar Betroffene) und der Verfahrensbeistand (§ 7 Abs. 2 Nr. Nr. 2 als auf Grund dieses Gesetzes von Amts wegen hinzuzuziehende Person gem. § 158b Abs. 3 S. 1 FamFG). Das Jugendamt wird durch seine Anhörung allein nicht Beteiligter, vgl. § 7 Abs. 6 FamFG. Stellt es jedoch einen Antrag auf Hinzuziehung als Beteiligter, erlangt es die formelle Stellung als Beteiligter gem. § 7 Abs. 2 Nr. 2 FamFG.

Durch seine formelle Beteiligung am betreffenden Verfahren erlangt der Beteiligte bestimmte Rechte, allerdings treffen ihn auch gewisse Pflichten. Zu seinen Rechten gehören z. B.: Akteneinsichtsrecht, Beweisantragsrechte, Recht auf Bekanntgabe der Entscheidung; zu seinen Pflichten gehört: Mitwirkungspflichten unterschiedlicher Art, Pflicht zum persönlichen Erscheinen in Terminen, Pflicht zur Verfahrenskostentragung.

Gemäß §162 Abs. 2 S. 1 FamFG ist das Jugendamt in Verfahren wegen Kindeswohlgefährdung, §§ 1666, 1666a BGB, von Amts wegen zu beteiligen. „Im Übrigen" – gemeint sind hier sonstige Kindschaftssachen nach § 151 FamFG – wird das Jugendamt auf seinen Antrag hin an dem fraglichen Verfahren beteiligt, § 162 Abs. 2 S. 2 FamFG. In beiden Fällen muss das Gericht die Hinzuziehung des Jugendamts als Beteiligten veranlassen. Die Behörde hat in diesem Fall alle aktiven Mitwirkungsrechte, kann aber – im Fall der Hinzuziehung auf eigenen Antrag – mit Verfahrenskosten belastet werden (allerdings Ausnahme, vgl. hierzu: BGH Beschluss v. 28. September 2016 – XII ZB 251/16 –, juris Leitsätze 1–5). Das Jugendamt hat also – abgesehen von seiner Pflicht zur Beteiligung gem. § 162 Abs. 2 Satz 1 FamFG (Kindeswohlgefährdung) – die Wahl, ob es nur im Rahmen der Anhörung am Verfahren teilnehmen oder als (auf Antrag) beteiligte Behörde aktiv am Verfahren mitwirken will. Diese Alternative hat der Gesetzgeber bewusst geschaffen, um Arbeitsbelastungen der beteiligten Behörden zu mildern.

7.2

Die Verfahrensfähigkeit regelt die Fähigkeit des Beteiligten, selbst oder durch einen Vertreter wirksam Erklärungen im Verfahren abzugeben. Die „Verfahrensfähigkeit" entspricht der Prozessfähigkeit im Zivilprozess. Fehlt es an ihr, sind die vorgenommenen Verfahrenshandlungen unwirksam.

§ 9
Verfahrensfähigkeit

(1) Verfahrensfähig sind

1. die nach bürgerlichem Recht Geschäftsfähigen,
2. die nach bürgerlichem Recht beschränkt Geschäftsfähigen, soweit sie für den Gegenstand des Verfahrens nach bürgerlichem Recht als geschäftsfähig anerkannt sind,
3. die nach bürgerlichem Recht beschränkt Geschäftsfähigen, soweit sie das 14. Lebensjahr vollendet haben und sie in einem Verfahren, das ihre Person betrifft, ein ihnen nach bürgerlichem Recht zustehendes Recht geltend machen,
4. diejenigen, die auf Grund dieses oder eines anderen Gesetzes dazu bestimmt werden.

(2) Soweit ein Geschäftsunfähiger oder in der Geschäftsfähigkeit Beschränkter nicht verfahrensfähig ist, handeln für ihn die nach bürgerlichem Recht dazu befugten Personen.

(3) Für Vereinigungen sowie für Behörden handeln ihre gesetzlichen Vertreter und Vorstände.

(4) Das Verschulden eines gesetzlichen Vertreters steht dem Verschulden eines Beteiligten gleich.

(5) Die §§ 53 bis 58 der Zivilprozessordnung gelten entsprechend.

Im Gegensatz zur Verfahrensfähigkeit für geschäftsfähige Volljährige ist die Beurteilung der Verfahrensfähigkeit von Minderjährigen nicht unproblematisch, weil ihnen in familiengerichtlichen Verfahren diverse Mitwirkungs- bzw. Widerspruchsrechte zustehen.

Hiervon grundsätzlich abzugrenzen und zu unterscheiden ist die verfahrensrechtlich gebotene Anhörung des Kindes im familiengerichtlichen Verfahren, die altersunabhängig erfolgt.

Bei den verfahrensrechtlich relevanten Erklärungen bzw. Verfahrenshandlungen des Kindes in Kindschaftssachen, auf die das Gesetz in § 9 Abs. 1 Nr. 3 ausdrücklich Bezug nimmt („Verfahren, das ihre Person betrifft), beschränkt das Gesetz jedoch die Verfahrensfähigkeit des über 14 Jahre alten Kindes auf die Geltendmachung von ihm „nach bürgerlichem Recht" zustehenden (sog. materiellen) Rechten, wozu (i. S. der Bestimmung) z. B. gehören: das Widerspruchsrecht des Kindes bei der Sorgerechtsregelung bei Trennung und Scheidung gem. § 1671 Abs. 1 S. 2 Nr. 1 bzw. Abs. 2 S. 2 Nr. 1 BGB oder das Umgangsrecht des Kindes mit jedem Elternteil gem. §§ 1626 Abs. 3, 1684 BGB. Mit dieser eingeschränkten Verfahrensfähigkeit – die von dem Grundsatz abweicht, dass Kinder von ihren Eltern gesetzlich vertreten werden – sind altersentsprechende Minderjährige befugt, ohne Mitwirkung ihrer gesetzlichen Vertreter ihre Rechte eigenständig geltend zu machen und so ihre Interessen zur Geltung zu bringen.

Darüber hinaus sind gem. § 60 FamFG über 14 Jahre alte Minderjährige in bestimmtem Umfang verfahrensfähig für das Beschwerdeverfahren.

§ 60

Beschwerderecht Minderjähriger

Ein Kind, für das die elterliche Sorge besteht, oder ein unter Vormundschaft stehender Mündel, kann in allen seine Person betreffenden Angelegenheiten ohne Mitwirkung seines gesetzlichen Vertreters das Beschwerderecht ausüben. Das Gleiche gilt in sonstigen Angelegenheiten, in denen das Kind oder der Mündel vor einer Entscheidung des Gerichts gehört werden soll. Dies gilt nicht für Personen, die geschäftsunfähig sind oder bei Erlass der Entscheidung das 14. Lebensjahr nicht vollendet haben.

Zur Klarstellung und Verdeutlichung: Damit ein Kind also seine Rechte wahrnehmen kann, muss es z. B. als unmittelbar betroffene Person Beteiligter und darüber hinaus auch verfahrensfähig im vorerwähnten Sinne sein.

7.3

Im Zusammenhang mit einem einvernehmlich (vergleichsweise) geregelten Umgangsverfahren stellt sich damit die Frage, ob das Jugendamt „in das Einvernehmen über den Umgang" einbezogen werden muss, damit es zu einem „gerichtlich gebilligten Vergleich" gem. § 156 Abs. 2 FamFG kommen kann: Dies ist im Ergebnis davon abhängig, ob es im Verfahren auf seinen Antrag „als Beteiligter" hinzugezogen wurde (dann Einvernehmen erforderlich) oder ob es nur „angehört" wurde (dann kein Einvernehmen notwendig).

Bleibt die Frage, ob das Kind als (formell) Beteiligter im Sinne von § 156 Abs. 2 FamFG einer „einvernehmlichen Regelung" zustimmen muss. Eine ausdrückliche (gesetzliche) Regelung über seine Stellung als (formell) Beteiligter fehlt bei den Kindschaftssachen – im Gegensatz z. B. zu den Abstammungssachen, § 172

FamFG. Damit ist die allgemeine Vorschrift des § 7 heranzuziehen, wonach gem. § 7 Abs. 2 Nr. 1 derjenige als „formell Beteiligter" gilt, der durch das Verfahren unmittelbar betroffen wird.

Aus der fraglosen Beteiligtenstellung des Kindes als „unmittelbar Betroffener" gem. § 7 Abs. 2 Nr. 1 FamFG folgt aber noch nicht ohne weiteres, dass das Kind einer einvernehmlichen Regelung wirksam (im rechtlichen Sinne) „zustimmen" kann. Davon abgesehen: Muss es überhaupt als „Beteiligter" „zustimmen", damit ein „gerichtlich gebilligter Vergleich" gem. § 156 Abs. 2 FamFG über das Umgangsrecht zustande kommen kann? In der Literatur herrscht Uneinigkeit über die Beantwortung dieser Frage. So viele Antworten, so viele Meinungen.

Fest steht: § 156 Abs. 2 FamFG erwähnt weder eine (etwa erforderliche) „Zustimmung" des Kindes noch eine irgendwie geartete konkrete Widerspruchsmöglichkeit – wie z. B. in § 1671 Abs. 1 S. 2 Nr. 1 BGB, Widerspruch des Kindes bei der Sorgerechtsregelung. § 156 Abs. 2 FamFG stellt lediglich darauf ab, ob „die Beteiligten Einvernehmen über den Umgang oder die Herausgabe des Kindes erzielen". Und: „Einvernehmen" im Sinne des § 156 Abs. 2 FamFG, kann auch bestehen bei oder mit einem Kind, soweit es genügend Einsichtsfähigkeit hat.

Ungeachtet der Stellung des Kindes als förmlicher Beteiligter ergibt sich die Antwort auf die Frage, ob das Kind rechtlich eine Verfahrenshandlung (wirksam) vornehmen kann (hier: sich zu der einvernehmlichen Regelung zustimmend zu äußern), allein aus der Bestimmung zur „Verfahrensfähigkeit", § 9 FamFG. Dass und inwieweit die Anhörung abzugrenzen und zu unterscheiden ist von verfahrensrechtlich relevanten Erklärungen des Kindes, wurde bereits ausgeführt und erläutert.

Der in diesem Zusammenhang in Betracht zu ziehende § 9 Abs. 1 Nr. 3 FamFG bestimmt, dass verfahrensfähig „die nach bürgerlichem Recht beschränkt Geschäftsfähigen sind, sobald sie das 14. Lebensjahr vollendet haben und sie in einem Verfahren, das ihre Person betrifft, ein ihnen nach bürgerlichem Recht zustehendes Recht geltend machen". Auch das Umgangsrecht des Kindes ist zweifelsohne nach ständiger höchstrichterlicher Rechtsprechung als subjektives Recht des Kindes ausgestaltet (nicht hingegen z. B. das „Recht auf Herausgabe des Kindes"). Von daher ist zumindest dem über 14 Jahre alten Kind im Umgangsrechtsstreit Verfahrensfähigkeit zuzubilligen und damit auch das Recht, einer „einvernehmlichen Regelung" zuzustimmen oder aber auch zu widersprechen, mit der Folge, dass ein „gerichtlich gebilligter Vergleich" über seinen Kopf hinweg nicht zustande kommen kann.

Davon abgesehen: Welcher Verfahrensbeistand würde (als „formell Beteiligter" gem. § 158b Abs. 3 FamFG) einer Umgangsregelung oder gar einer Herausgaberegelung zustimmen – gegen den explizit geäußerten Willen des Kindes, gleichviel, ob jünger oder älter als 14 Jahre, zu dessen Interessenwahrnehmung er beigeordnet wurde?

7.4

Im Zusammenhang mit der Verfahrensfähigkeit einer über 14 Jahre alten Minderjährigen hatte der Bundesgerichtshof die Frage zu entscheiden, inwieweit eine Minderjährige ein (sie selbst betreffendes) Verfahren wegen Kindeswohlgefährdung nach § 1666 BGB anregen kann. Der Bundesgerichtshof hat dies – in Übereinstimmung mit dem OLG Frankfurt als Vorinstanz – mit ausführlicher Begründung verneint.

In dem zu entscheidenden Fall war eine 16 Jahre alte Minderjährige auf Veranlassung des Jugendamts und mit Zustimmung ihrer allein sorgeberechtigten Mutter in einer Jugendwohngruppe untergebracht gewesen. Nach Beendigung dieser Maßnahme zog sie zu ihrem volljährigen Freund und wurde daraufhin kurzzeitig vom Jugendamt in Obhut genommen. Hiergegen legte sie Widerspruch ein und stellte beim Familiengericht einen „Antrag auf Regelung der elterlichen Sorge“ mit der Begründung, dass in Bezug auf die elterliche Sorge „kein Grund zu weiterer Veranlassung“ bestehe, „sodass das Jugendamt alle weiteren Maßnahmen (Inobhutnahme etc.) zu unterlassen“ habe.

Nach Auffassung beider Gerichte war/ist die Minderjährige für das von ihr angeregte und von dem Familiengericht (vom Amts wegen) eingeleitete Verfahren wegen Kindeswohlgefährdung nicht gem. § 9 Abs. 1 Nr. 3 FamFG verfahrensfähig.

Zum einen war das „Begehren, dem Jugendamt Maßnahmen der Jugendhilfe wie etwa eine Inobhutnahme nach § 42 SGB VIII zu untersagen, einer familiengerichtlichen Klärung nicht zugänglich“. Insoweit wäre nur der Verwaltungsrechtsweg eröffnet gewesen. Zum anderen, so der BGH weiter, unterfallen Verfahren nach § 1666 BGB nicht § 9 Abs. 1 Nr. 3 FamFG, weil sie kein dem Minderjährigen zustehendes konkretes subjektives Recht beträfen. (…) § 1666 BGB beinhalte keinen bürgerlich – rechtlichen Anspruch des Kindes, sondern eine im Rahmen des dem Staat durch Art. 6 Abs. 2 Satz 2 GG auferlegten Wächteramts bestehende Eingriffsbefugnis, mit der die verfassungsrechtliche Position des Kindes und sein aus Art. 6 Abs. 2 Satz 1 GG folgendes Recht auf Pflege und Erziehung durch seine Eltern geschützt werden soll. Ein „einklagbares“ Recht des Kindes darauf, dass das Familiengericht Maßnahmen nach § 1666 BGB trifft, bestehe nicht. Vielmehr folge der Anspruch des Kindes auf ein Eingreifen des Staates zu seinem Schutz aus Art. 2 Abs. 1 und 2 Satz 1 i. V. m. Art. 6 Abs. 2 Satz 2 GG.

Dabei handele es sich aber um kein dem Minderjährigen nach bürgerlichem Recht zustehendes Recht im Sinne des § 9 Abs. 1 Nr. 3 FamFG, wie die Auslegung dieser Norm ergebe. Wie dem Gesetz zu entnehmen sei, müsse der Minderjährige „aktiv“ ein Recht geltend machen und dürfe sich nicht in der Rolle des „passiv“ betroffenen Beteiligten befinden. Ferner sei dieses Recht der Art nach dahin eingegrenzt, dass es dem Minderjährigen nach bürgerlichem Recht zustehen müsse, also das Recht nicht dem Verfassungs- oder Verwaltungsrecht entstammen dürfe. Dies entspreche auch der gesetzgeberischen Intention, mit der dem über 14 Jahre alten Kind die eigenständige Geltendmachung materieller Rechte im seine

Person betreffenden kindschaftsrechtlichen Verfahren ohne Mitwirkung seiner gesetzlichen Vertreter erlaubt werden sollte. Es habe die Absicht bestanden, ein verfahrensrechtliches Korrelat zu den verschiedentlich eingeräumten Widerspruchs- und Mitwirkungsrechten des über 14-jährigen Kindes zu schaffen und die notwendige Akzessorietät zwischen materiellem Recht und Verfahrensrecht her zu stellen. (…) Im Übrigen sei in einem auf die Person des Kindes bezogenen Kindschaftsverfahren die Wahrnehmung der Interessen originäre Aufgabe des Verfahrensbeistandes. Aufgrund der vorausgegangenen Fachdiskussion um die Subjektstellung des Kindes in Kindschaftsverfahren und die Gewährleistung einer verlässlichen Vertretung seiner auch subjektiven Interessen sei im Zuge der Kindschaftsrechtsreform von 1997 speziell für bestehende Interessenkollisionen zwischen Eltern und Kind das Institut des Verfahrenspflegers in Kindschaftsverfahren („Anwalt des Kindes“) eingeführt worden. Den verfassungsrechtlichen Anforderungen an eine wirksame Vertretung der Kindesinteressen in Kindschaftsverfahren habe der Gesetzgeber durch dieses Institut (nunmehr Verfahrensbeistand) Genüge getan. Verfahrensrechtlich sei diese Interessenswahrnehmung abgesichert, indem die Bestellung des Verfahrensbeistands gem. § 158 Abs. 1 FamFG obligatorisch sei, soweit sie zur Wahrnehmung der Interessen des Minderjährigen erforderlich ist, und § 158 Abs. 2 Nr. 1 und 2 FamFG Regelfälle für die Erforderlichkeit benennt, die gerade Verfahren nach § 1666 BGB abdecken. (…) Mithin sei in Verfahren nach § 1666 BGB der Schutz der Grundrechte des mindestens 14 Jahre alten Minderjährigen auch dann in verfassungsgemäßer Weise gewährleistet, wenn der Minderjährige nicht als verfahrensfähig behandelt wird (BGH Beschluss v. 12.05.2021, Az. XII ZB 34/21 juris RN 1 ff., 11 ff. m. w. N.).

8. Örtliche Zuständigkeit

8.1

Ist keine Ehesache anhängig, kommt es gem. § 152 Abs. 2 FamFG (Auffangzuständigkeit) auf den gewöhnlichen Aufenthalt des Kindes an (nach der Rechtsprechung des BGH: Daseinsmittelpunkt) und nicht auf die Wohnsitzzuständigkeit (Ausnahme: freiheitsentziehende Unterbringung des Kindes, Sonderreglung § 313 FamFG). Seinen „gewöhnlichen Aufenthalt“ hat ein Kind damit z. B. bei dem Elternteil, in dessen Obhut es sich befindet, weshalb es auch keine einheitliche Geschwisterzuständigkeit gibt, wohl besteht insoweit eine Abgabemöglichkeit gem. § 4 FamFG.

Für Eilmaßnahmen ist das Gericht zuständig, in dessen Bezirk sich das Kind aufhält (sog. Gerichtsstand des Fürsorgebedürfnisses), § 152 Abs. 3 FamFG. Dieser Gerichtsstand kommt in Betracht, wenn z. B. noch kein gewöhnlicher Aufenthalt des Kindes feststellbar ist und Eilmaßnahmen eines Gerichts für ein Kind notwendig werden, z. B. weil Eltern situationsbedingt (durch Krankheit) tatsächlich verhindert sind, die elterliche Sorge wahrzunehmen.

§152 FamFG
Örtliche Zuständigkeit

(1) Während der Anhängigkeit einer Ehesache ist unter den deutschen Gerichten das Gericht, bei dem die Ehesache im ersten Rechtszug anhängig ist oder war, ausschließlich zuständig für Kindschaftssachen, sofern sie gemeinschaftliche Kinder der Ehegatten betreffen.
(2) Ansonsten ist das Gericht zuständig, in dessen Bezirk das Kind seinen gewöhnlichen Aufenthalt hat.
(3) Ist die Zuständigkeit eines deutschen Gerichts nach den Absätzen 1 und 2 nicht gegeben, ist das Gericht zuständig, in dessen Bezirk das Bedürfnis der Fürsorge bekannt wird.
(…)

8.2

Hat ein Elternteil den Aufenthalt des Kindes ohne vorherige Zustimmung des anderen Elternteils geändert, kann eine Rückverweisung an das Gericht des früheren gewöhnlichen Aufenthaltsortes erfolgen. Ausnahme: Dem (widersprechenden) Elternteil steht das Aufenthaltsbestimmungsrecht nicht zu oder die Aufenthaltsänderung ist zum Schutz des Kindes oder des betreuenden Elternteils erforderlich.

§154 FamFG
Verweisung bei einseitiger Änderung des Aufenthalts des Kindes

Das nach §152 Abs. 2 zuständige Gericht kann ein Verfahren an das Gericht des früheren gewöhnlichen Aufenthaltsorts des Kindes verweisen, wenn ein Elternteil den Aufenthalt des Kindes ohne vorherige Zustimmung des anderen geändert hat. Dies gilt nicht, wenn dem anderen Elternteil das Recht der Aufenthaltsbestimmung nicht zusteht oder die Änderung des Aufenthaltsorts zum Schutz des Kindes oder des betreuenden Elternteils erforderlich war.

9. Anhörungsvorschriften – Anhörung des Kindes, §159 FamFG, und Anhörung der Eltern, § 160 FamFG

9.1

Die gesetzliche Regelung zur Anhörung des Kindes wurde durch das Gesetz zur Bekämpfung sexualisierter Gewalt gegen Kinder (2021) umfassend neu strukturiert, inhaltlich ergänzt und bestimmte Pflichten des Gerichts zur persönlichen

Anhörung des Kindes stärker betont und erweitert. Anlass zur Gesetzesänderung waren erneute aufsehenerregende Missbrauchsfälle, die aus Sicht des Gesetzgebers eine nahezu vollständige Neufassung dieser Bestimmung notwendig machten.

§ 159

Persönliche Anhörung des Kindes

(1) Das Gericht hat das Kind persönlich anzuhören und sich einen persönlichen Eindruck von dem Kind zu verschaffen.

(2) Von der persönlichen Anhörung und der Verschaffung eines persönlichen Eindrucks nach Absatz 1 kann das Gericht nur absehen, wenn

1. ein schwerwiegender Grund dafür vorliegt,
2. das Kind offensichtlich nicht in der Lage ist, seine Neigungen und seinen Willen kundzutun,
3. die Neigungen, Bindungen und der Wille des Kindes für die Entscheidung nicht von Bedeutung sind und eine persönliche Anhörung auch nicht aus anderen Gründen angezeigt ist oder
4. das Verfahren ausschließlich das Vermögen des Kindes betrifft und eine persönliche Anhörung nach der Art der Angelegenheit nicht angezeigt ist.

Satz 1 Nummer 3 ist in Verfahren nach den §§ 1666, 1666a des Bürgerlichen Gesetzbuchs, die die Person des Kindes betreffen, nicht anzuwenden. Das Gericht hat sich in diesen Verfahren einen persönlichen Eindruck von dem Kind auch dann zu verschaffen, wenn das Kind offensichtlich nicht in der Lage ist, seine Neigungen und seinen Willen kundzutun.

(3) Sieht das Gericht davon ab, das Kind persönlich anzuhören oder sich einen persönlichen Eindruck von dem Kind zu verschaffen, ist dies in der Endentscheidung zu begründen. Unterbleibt eine Anhörung oder die Verschaffung eines persönlichen Eindrucks allein wegen Gefahr im Verzug, ist sie unverzüglich nachzuholen.

(4) Das Kind soll über den Gegenstand, Ablauf und möglichen Ausgang des Verfahrens in einer geeigneten und seinem Alter entsprechenden Weise informiert werden, soweit nicht Nachteile für seine Entwicklung, Erziehung oder Gesundheit zu befürchten sind. Ihm ist Gelegenheit zur Äußerung zu geben. Hat das Gericht dem Kind nach § 158 einen Verfahrensbeistand bestellt, soll die persönliche Anhörung und die Verschaffung eines persönlichen Eindrucks in dessen Anwesenheit stattfinden. Im Übrigen steht die Gestaltung der persönlichen Anhörung im Ermessen des Gerichts.

Die persönliche Anhörung des Kindes verfolgt neben der Gewährung des rechtlichen Gehörs insbesondere auch die Sachaufklärung unter Mithilfe des Kindes. Zugleich erlangt das Gericht Kenntnis von dem Willen des Kindes, der im Rahmen der Kindeswohlprüfung eine maßgebliche Bedeutung hat.

Im Gegensatz zur – bloßen – Anhörung – des Kindes ist seine Vernehmung als Zeuge im Verfahren in Familiensachen gesetzlich ausdrücklich ausgeschlossen und untersagt, vgl. § 163a FamFG.

§ 163a FamFG

Ausschluss der Vernehmung des Kindes

Eine Vernehmung des Kindes als Zeuge oder als Beteiligter findet nicht statt.

Dies gilt auch für das Kind in seiner verfahrensrechtlichen Stellung als Beteiligter im Kindschaftsverfahren (vgl. § 7 Abs. 2 Nr. 1 FamFG). Intention des Gesetzgebers war es bereits bei der Vorgängervorschrift, „ganz allgemein Belastungen des Kindes durch eine förmliche richterliche Befragung in Anwesenheit der Eltern und der sonstigen Verfahrensbeteiligten zu verhindern,(…)“ (BT-Drucks. 18/6985, S. 25). Eine Aufklärung des Sachverhalts mit Hilfe des Kindes ist daher zulässigerweise nur im Rahmen der „behutsameren Anhörung“ nach § 159 FamFG in Betracht zu ziehen (ebd.).

9.2

Im Einzelnen: § 159 Abs. 1 FamFG konstatiert in Kindschaftssachen die Pflicht zur persönlichen Anhörung und darüber hinaus auch die Verschaffung eines persönlichen Eindrucks vom Kind. Dieser Grundsatz gilt für alle Kindschaftssachen und – wichtig – unabhängig vom Alter des Kindes. Die vormalige Unterscheidung nach der Altersgrenze von 14 Jahren – also in Bezug auf die Regelung des § 9 Abs. 1 Nr. 3 FamFG – wurde aufgehoben. Die Gesetzesbegründung führt hierzu in überwiegendem Einklang mit der Literatur aus: „Die Verstandesreife des Kindes und seine Fähigkeiten, einen eigenen Willen zu entwickeln und ihn im Verfahren verbal oder gegebenenfalls auch non – verbal zu äußern, sind individuell verschieden und nicht allein vom Alter des Kindes abhängig“ (vgl. BT-Drucks. 19/23707 S. 56). Der Gesetzgeber folgt damit letztlich der gefestigten höchstrichterlichen Rechtsprechung, nach der Kinder bereits ab dem Alter von drei Jahren regelmäßig anzuhören waren, da schon in diesem Alter aus der Beobachtung des Kindes Rückschlüsse auf beachtenswerte Wünsche, Tendenzen und Bindungen abzuleiten sind (ebd. m. w. N.). Da solche Rückschlüsse gegebenenfalls auch bei jüngeren Kindern möglich sind, könne es je nach Verfahrensgegenstand und den Umständen des Einzelfalls geboten sein, auch bei jüngeren Kindern einen Termin zur persönlichen Anhörung oder zur Verschaffung eines persönlichen Eindrucks durchzuführen (ebd. S. 57). Gerade auch der persönliche Eindruck von dem Kind – einschließlich der Beobachtung seines Verhaltens – sei ein wichtiger Teil der Sachverhaltsermittlung in Kindschaftssachen und könne für die Frage, ob und welche Regelung dem Kindeswohl am besten entspricht, erheblich sein (ebd.).

Von der Pflicht, das Kind persönlich anzuhören und sich einen persönlichen Eindruck von dem Kind zu verschaffen, sieht § 159 Abs. 2 FamFG nunmehr abschließend geregelte Ausnahmen vor. Danach kann das Gericht von der Verpflichtung nach Abs. 1 nur absehen, wenn die in § 159 Abs. 2 S. 1 Nr. 1–4 FamFG genannten Ausnahmetatbestände vorliegen.

Als einen schwerwiegenden Grund (Nr. 1) sieht es die Gesetzesbegründung z. B. an, wenn die zu erwartenden (physischen, psychischen oder seelischen) Belastungsmomente für das Kind ausnahmsweise schwerer wiegen als das unmittelbare rechtliche Gehör und die zu erwartende Sachverhaltsaufklärung gegebenenfalls durch die Anhörung des Jugendamts oder durch Einholung eines Sachverständigengutachtens herbeigeführt werden kann. Ebenso kann ein schwerwiegender Grund darin liegen, dass bei Gefahr im Verzug durch die Anhörung des Kindes die gerichtliche Entscheidung verzögert und hierdurch ein erheblicher Nachteil für das Kind entstehen würde, z. B. drohende Verbringung ins Ausland, dringende medizinische Behandlungsbedürftigkeit (ebd. S. 57). Bei Unterlassung der Anhörung bzw. der Verschaffung des persönlichen Eindrucks wegen Gefahr im Verzug ist beides allerdings unverzüglich nachzuholen, § 159 Abs. 3 S. 2 FamFG.

Ein weiterer Ausnahmetatbestand liegt vor, wenn das Kind offensichtlich nicht in der Lage ist, seine Neigungen und seinen Willen kundzutun (Nr. 2). Sich weder verbal oder non-verbal im Hinblick auf Neigungen und Willen äußern zu können, betrifft vor allem Säuglinge und Kleinstkinder. Hierzu können auch Kinder mit erheblichen Behinderungen zählen. Insoweit hebt die Gesetzesbegründung jedoch hervor, dass es im Einzelfall im Rahmen der Amtsermittlung geboten sei, dass das Gericht sich zumindest einen persönlichen Eindruck von dem Kind verschafft, etwa um Rückschlüsse aus dem Verhalten des Kindes ziehen zu können oder Angaben über das Kind besser beurteilen zu können (ebd.).

Sind Neigungen, Bindungen und der Wille des Kindes für die Entscheidung nicht von Bedeutung und eine persönliche Anhörung auch nicht aus anderen Gründen angezeigt (Nr. 3), kann die persönliche Anhörung und die Verschaffung eines persönlichen Eindrucks ebenfalls entfallen. Nach der Gesetzesbegründung handelt es sich hier um Ausnahmefälle, in denen das Kind bezogen auf den Verfahrensgegenstand und seinen Entwicklungsstand typischerweise keine entscheidungsrelevanten Neigungen, Bindungen oder einen entsprechenden Willen entwickelt, z. B. Meinungsverschiedenheiten der Eltern über die Durchführung einer Impfung oder über Modalitäten auf der Elternebene bei Umgangsfragen (ebd.). Dieser Ausnahmetatbestand gilt jedoch ausdrücklich nicht für kindesschutzrechtliche Verfahren nach §§ 1666, 1666a BGB, § 159 Abs. 2 S. 2 und 3 FamFG. In diesen Verfahren wird ausnahmslos davon ausgegangen, dass Neigungen, Bindungen und Wille des Kindes für die Entscheidung von Bedeutung sind. Darüber hinaus entspricht die obligatorische Verschaffung eines persönlichen Eindrucks der gebotenen umfassenden Amtsermittlung und trägt der Subjektstellung des Kindes bei. Der Gewinnung eines unmittelbaren Eindrucks kommt in Kindeswohlgefährdungsverfahren eine besondere Bedeutung zu, da sich hieraus auch bei einem Säugling oder Kleinkind Anhaltspunkte etwa für eine Verwahrlosung, Entwicklungsverzögerung oder Verängstigung des Kindes ergeben oder diesbezügliche Angaben besser beurteilt werden können (ebd. S. 58).

Betrifft das Verfahren ausschließlich das Vermögen des Kindes und ist seine Anhörung nach der Art der Angelegenheit nicht angezeigt, kann das Gericht ebenfalls von der Anhörung und der Verschaffung des persönlichen Eindrucks absehen (Nr. 4).

Das Gericht hat jeden vorerwähnten Ausnahmefall, den es zum Anlass genommen hat, von der Pflicht zur persönlichen Anhörung bzw. der Verschaffung des persönlichen Eindrucks des Kindes abzusehen, in der Entscheidung, mit der das Verfahren abgeschlossen wird, zu begründen, § 159 Abs. 3 S. 1 FamFG.

9.3

§ 159 Abs. 4 S. 1 und 2 FamFG legt die Pflicht des Gerichts fest, das Kind über Gegenstand, Ablauf und möglichen Ausgang des Verfahrens zu informieren, und zwar in einer altersgerechten Weise sowie in einer umsichtigen, Verständnis fördernden und kindgerechten Form; dabei soll das Kind Gelegenheit zur Äußerung erhalten, um das gesamte gerichtliche Verfahren, den Streitgegenstand bzw. die unterschiedlichen Positionen der sonstigen Beteiligten inhaltlich zu erfassen, sich hierzu eine eigene Meinung zu bilden und diese auch dem Gericht mitzuteilen. Ein dem Kind gem. § 158 FamFG bestellter Verfahrensbeistand soll an dem Anhörungstermin teilnehmen, § 159 Abs. 4 S. 3 FamFG. Die Gestaltung der persönlichen Anhörung steht im Übrigen im Ermessen des Gerichts, § 159 Abs. 4 S. 4 FamFG.

Welche Gesprächskonstellation das Gericht wählt, bleibt dem Gericht nach pflichtgemäßem Ermessen vorbehalten. Das Gericht entscheidet insoweit auch, ob das Kind einmal oder mehrmals, Geschwister einzeln oder zusammen, bei Gericht oder in der vertrauten familiären Umgebung, in An- oder Abwesenheit der Eltern bzw. mit oder ohne deren Verfahrensbevollmächtigten angehört wird, ob ein Vertreter des Jugendamts teilnimmt und ob ggf. ein Psychologe als Sachverständiger hinzugezogen wird.

Die gerichtliche Anhörung des Kindes in Abwesenheit der Eltern und ihrer Verfahrensbevollmächtigten ist die Regel, weil das Kind bei wahrheitsgemäßen Angaben in Loyalitätskonflikte zu den Eltern geraten kann und die Anwesenheit der Eltern seine Unbefangenheit beeinträchtigt. Eltern und ihre Verfahrensbevollmächtigten haben deshalb grundsätzlich kein Recht bei der Anhörung des Kindes anwesend zu sein, wenngleich ihnen auch das Ergebnis der Anhörung im Nachhinein bekannt zu geben ist.

Selbstverständlich erfolgt die persönliche Anhörung des Kindes in mündlicher Form – eine nur schriftliche Anhörung wird grundsätzlich als nicht genügend erachtet; sie ist allein deshalb unverzichtbar, weil insbesondere Kinder und Jugendliche in aller Regel schriftlich nicht gewandt genug sind, sich im Detail zu äußern. Zur Verwirklichung des Anhörungszwecks ist es daher unumgänglich, dass das Kind oder der Jugendliche dem Gericht seinen Standpunkt mündlich erläutert und das Gericht etwa erforderliche zusätzliche Fragen formulieren kann.

9.4

Das Bundesverfassungsgericht hat sich im Zusammenhang mit einer Verfassungsbeschwerde von Eltern, denen eine Teilnahme an der gerichtlichen Anhörung ihres Kindes in einem Kindesschutzverfahren versagt war, ausführlich mit dem Sinn und Zweck einer persönlichen Anhörung des Kindes (§ 159 FamFG) sowie dem Grundrecht auf rechtliches Gehör (Art. 103 Abs. 1 GG) und dem elterlichen Recht auf irgendwie geartete Teilnahme an der Kindesanhörung auseinandergesetzt.

So hatte das Familiengericht im Rahmen eines Verfahrens nach § 1666 BGB u. a. die Einholung eines psychologischen Gutachtens angeordnet. Bei Gesprächen zur Erstellung des Gutachtens berichtete das Kind gegenüber der Gutachterin wiederholt von Schlägen, die es von sämtlichen Bewohnern des elterlichen Haushalts (Eltern, Bruder, Großmutter mütterlicherseits) erhalte. Diese Hinweise gab die Gutachterin vor der Gutachtenerstattung dem Jugendamt weiter, das das Kind in Obhut nahm und bei Gericht den Entzug der elterlichen Sorge anregte. Das Gericht entzog den Eltern (u. a. nach persönlicher Anhörung des Kindes, seiner Eltern und mündlichen Äußerungen der Gutachterin) daraufhin mit einstweiliger Anordnung u. a. das Aufenthaltsbestimmungsrecht, das Recht zur Zuführung zu medizinischen Behandlungen sowie das Recht zur Regelung des Umgangs für das Kind.

Hiergegen wandten sich die Eltern mit ihrer Beschwerde und rügten – neben der Verletzung ihres Grundrechts des Art. 6 Abs. 2 Satz 1 GG (Erziehungsvorrecht der Eltern) – die Verletzung ihres Anspruchs auf rechtliches Gehör gem. Art. 103 Abs. 1 GG. Letzteres begründeten sie mit der Verletzung des rechtlichen Gehörs, Art. 103 Abs. 1 GG, weil es ihnen nicht gestattet gewesen sei, bei der gerichtlichen Anhörung des Kindes anwesend zu sein. In einem Fall, in dem die Notwendigkeit der angeordneten Trennung des Kindes allein aus der Aussage des Kindes hergeleitet werde, sei es für die Eltern erforderlich, persönlich die Reaktionen des Kindes in der Anhörung zu sehen und bewerten zu können, gleichgültig, ob diese Möglichkeit durch unmittelbare Anwesenheit im Anhörungsraum oder durch Videoübertragung gewährt werde.

Das BVerfG sah den durch Art. 103 Abs. 1 GG gewährleisteten Anspruch der Eltern auf rechtliches Gehör nicht durch die Verwehrung ihrer Anwesenheit bei der gerichtlichen Anhörung des Kindes durch die Vorinstanz (OLG) verletzt. Hierzu führte es – u. a. grundsätzlich zu Sinn und Zweck des rechtlichen

Gehörs – aus: „Die grundgesetzliche Gewährleistung rechtlichen Gehörs konkretisiert das Rechtsstaatsprinzip mit weitreichenden Folgen für das gerichtliche Verfahren. Der Einzelne soll nicht bloßes Objekt des Verfahrens sein, sondern vor Entscheidungen, die seine Rechte betreffen, zu Wort kommen, um Einfluss auf das Verfahren und dessen Ergebnis nehmen zu können. Die Parteien müssen sich zu dem Sachverhalt, der einer gerichtlichen Entscheidung zugrunde gelegt wird, vor Erlass der Entscheidung äußern dürfen (…). Dieses Recht auf Äußerung ist eng verknüpft mit einem Recht auf Information. Eine Art. 103 Abs. 1 GG genügende Gewährung rechtlichen Gehörs setzt voraus, dass die Verfahrensbeteiligten erkennen können, auf welchen Tatsachenvortrag es für die Entscheidung ankommen kann. Sie müssen sich bei Anwendung der gebotenen Sorgfalt über den gesamten Verfahrensstoff informieren können (…).

Das Bundesverfassungsgericht hat bereits zur vormaligen Regelung über die Kindesanhörung in Kindschaftssachen (§ 50b FGG a. F.) entschieden, dass es im Ermessen des Gerichts steht, ob die Anhörung in An- oder Abwesenheit der Eltern erfolgt (…). Die Kindesanhörung entspricht dem verfassungsrechtlichen Gebot, bei Sorgerechtsentscheidungen den Willen des Kindes zu berücksichtigen, soweit dies mit seinem Wohl vereinbar ist (…). Eine an den Belangen des Kindes orientierte Entscheidung der Familiengerichte setzt regelmäßig voraus, dass das Kind im Verfahren die Möglichkeit erhalten hat, seine persönlichen Beziehungen zu den übrigen Familienmitgliedern deutlich werden zu lassen. Dafür bedarf es einer Gestaltung der Kindesanhörung, die auch unter Berücksichtigung der wegen der Auseinandersetzungen um das Sorgerecht besonders angespannten seelischen Verfassung des Kindes eine möglichst zuverlässige Aufklärung der Grundlagen einer am Kindeswohl ausgerichteten Entscheidung gewährleistet (…). Die verfassungsrechtlichen Einwirkungen auf das Prozessrecht betreffen auch die geltende Regelung über die Kindesanhörung in § 159 FamFG (gemeint ist hier § 159 FamFG in der Fassung vor der Aktualisierung (2021), der Verfasser). Gegen diese bestehen keine verfassungsrechtlichen Bedenken. Die Gestaltung der in § 159 Abs. 1 Satz 1 FamFG (diese Bestimmung wurde durch die Aktualisierung (2021) im Wortlaut verändert, der Verfasser) grundsätzlich vorgesehenen persönlichen Anhörung des Kindes stellt das Gesetz in das Ermessen des Gerichts (§ 159 Abs. 4 Satz 4 FamFG – der Wortlaut dieser Regelung wurde durch die Aktualisierung (2021)nicht verändert, der Verfasser). Soweit in einfachgesetzlicher Auslegung angenommen wird, bei der Ermessensausübung sei zu berücksichtigen, dass die Anwesenheit der Eltern regelmäßig nicht sachgerecht sei, weil dem Kind dann keine unbefangenen Äußerungen möglich sind (…), ist dies verfassungsrechtlich wegen der gebotenen möglichst zuverlässigen Aufklärung des Kindeswillens und seiner Beziehung zu den übrigen Familienmitgliedern nicht zu beanstanden. Sowohl die Möglichkeit der Eltern, sich über den verfahrensrelevanten Tatsachenstoff zu informieren, als auch diejenige, sich dazu äußern zu können, werden gewahrt. Denn ihnen wird das Ergebnis der

Kindesanhörung mit der Gelegenheit zur Stellungnahme bekannt gegeben (…). Um eine dem Anspruch auf rechtliches Gehör genügende Information der Eltern über den Inhalt der in ihrer Abwesenheit erfolgten Kindesanhörung zu gewährleisten, bedarf es nach § 28 Abs. 4 Satz 1 und 2 FamFG einer Dokumentation des wesentlichen Inhalts der Anhörung in den Verfahrensakten (…). Diese Dokumentation, die in unterschiedlichen Formen erfolgen kann, muss von eigenen Wertungen des Gerichts über den Inhalt weitgehend freigehalten werden (…). Die von den Beschwerdeführern zu 1) und 2) – (die Eltern, der Verfasser) – unter Berufung auf Art. 103 Abs. 1 GG eingeforderte Möglichkeit, bei einer Kindesanhörung nicht im Vernehmungszimmer anwesenden Eltern zu gestatten, im Wege der Videoübertragung die Anhörung zu verfolgen, dürfte im einfachen Recht keine Grundlage finden und ist jedenfalls verfassungsrechtlich nicht geboten. Einfachgesetzlich wäre eine solche Gestaltung im Regelfall mit § 163a FamFG kaum zu vereinbaren. Der dort angeordnete Ausschluss der Vernehmung eines Kindes in Kindschaftssachen als Zeuge oder Beteiligter soll Belastungen für das Kind vermeiden, denen es sich bei einer förmlichen Vernehmung in Anwesenheit seiner Eltern und sonstiger Beteiligter ausgesetzt sähe (…). Eine den Eltern zugängliche simultane Videoübertragung, von der das Kind in Kenntnis zu setzen wäre, liefe ersichtlich dem Schutzzweck des § 163a FamFG zuwider. Sie wäre auch der mit der Kindesanhörung bezweckten Sachverhaltsaufklärung kaum dienlich. Unbefangene Äußerungen des Kindes ließen sich so nicht hinreichend sicher gewährleisten. Nicht nur die unmittelbare Anwesenheit der Eltern wird das Kind regelmäßig beeinflussen (…). Auch die Kenntnis des Kindes darüber, dass seine Angaben und sein Verhalten in der Anhörung von den Eltern mittels Bild-Ton-Übertragung mitverfolgt werden, ist mit der Gefahr eines der zuverlässigen Sachverhaltsaufklärung abträglichen Einflusses der Eltern sowie einer besonderen psychischen Belastung des Kindes verbunden. Dem grundgesetzlich gewährleisteten Anspruch der Eltern auf rechtliches Gehör wird in Kindschaftssachen mit der nachträglichen Information über den dokumentierten Inhalt der Anhörung sowie der Möglichkeit, dazu Stellung zu nehmen, im Grundsatz hinreichend Rechnung getragen“ (BVerfG, Nichtannahmebeschluss v. 05.06.2019 – 1 BvR 675/19-, juris RN 12–21).

9.5

Die Anhörung von Kindern und Jugendlichen in familiengerichtlichen Verfahren mitsamt der kindgerechten Verfahrensgestaltung in Kindschaftsverfahren erfordern eine hohe fachliche Kompetenz unterschiedlicher wissenschaftlicher Disziplinen, auf die im Rahmen dieser (mehr rechtlich orientierten) Ausführungen nicht in der notwenigen Ausführlichkeit und sachgerecht eingegangen werden kann.

In einem i. Ü. sehr instruktiven Bericht über einen Workshop des Bundesministeriums für Familie, Senioren, Frauen und Jugend & Deutsches Kinderhilfswerk mit dem Titel „Kindgerechte Justiz – Zugang zum Recht der Kinder" v. 07.09.2018 (vgl. www.dkhw.de/aktionen/fachveranstaltungen/fachtag-kindgerechte-justiz/ Abruf: 25.03.2024), werden u. a. schwerpunktmäßig die Anhörung von Kindern in familiengerichtlichen Verfahren, die Zusammenarbeit der einzelnen institutionellen Akteurinnen und Akteure und die kindgerechte Gestaltung im familiengerichtlichen Verfahren ausgiebig und präzise thematisiert. Die juristische Vorgabe (in dem Bericht) zur Anhörung des Kindes bezieht sich zwar auf § 159 a. F. FamFG (also die Vorgängervorschrift der aktuellen Bestimmung, die durch das Gesetz zur Bekämpfung sexualisierter Gewalt gegen Kinder – 2021 – aktualisiert wurde). Dennoch haben sämtliche Hinweise, Feststellungen, Aussagen und wissenschaftlichen Erkenntnisse ihre Aktualität und ihren uneingeschränkten Wert behalten. Dies gilt erst recht und insbesondere für den Beitrag von Balloff zu dem Thema „Anhörung und Kommunikation mit dem Kind im Familiengericht" (vgl. Balloff, Workshopmaterialien, ebd.).

9.6

Die Anhörung der Eltern dient sowohl der Gewährung des rechtlichen Gehörs (Art. 103 Abs. 1 GG) wie auch der Aufklärung des entscheidungserheblichen Sachverhalts im weitesten Sinne (BT-Drucks. 16/6308 S. 237).

§ 160 FamFG

Anhörung der Eltern

(1) In Verfahren, die die Person des Kindes betreffen, soll das Gericht die Eltern persönlich anhören. In Verfahren nach den §§ 1666 und 1666a des Bürgerlichen Gesetzbuchs sind die Eltern persönlich anzuhören.

(2) In sonstigen Kindschaftssachen hat das Gericht die Eltern anzuhören. Dies gilt nicht für einen Elternteil, dem die elterliche Sorge nicht zusteht, sofern von der Anhörung eine Aufklärung nicht erwartet werden kann.

(3) Von der Anhörung darf nur aus schwerwiegenden Gründen abgesehen werden.

(4) Unterbleibt die Anhörung allein wegen Gefahr im Verzug, ist sie unverzüglich nachzuholen.

Während die Eltern in Verfahren, die die Person des Kindes betreffen, persönlich angehört werden sollen – was eine Anhörung im Regelfall bedeutet, § 160 Abs. 1 S. 1 FamFG, sind die Eltern obligatorisch persönlich anzuhören, § 160 Abs. 1 S. 2 FamFG, wenn das Verfahren Maßnahmen wegen Gefährdung des Kindeswohls, §§ 1666, 1666a BGB, betrifft. Persönliche Anhörung bedeutet unmittelbare mündliche Anhörung, die dem Gericht auch einen persönlichen Eindruck verschafft (Dutta/Jacoby/Schwab/Lack, § 160 RN 9).

Die Abgrenzung zwischen der verpflichtenden Anhörung nach § 160 Abs. 1 S. 2 FamFG und der Erörterung der Kindeswohlgefährdung mit den Eltern nach § 157 Abs. 1 FamFG begründet der Gesetzgeber damit, dass die Erörterung der (möglichen) Kindeswohlgefährdung einen eigenen Verfahrensabschnitt darstelle, der „neben die Pflicht zur persönlichen Anhörung der Eltern nach § 160 Abs. 1 S. 2 FamFG" trete (BT-Drucks. 16/6308 S. 237). Ungeachtet dessen wird der Unterschied zwischen diesen beiden Bestimmungen darin gesehen, dass § 157 Abs. 1 FamFG eine nur „mögliche" Kindeswohlgefährdung zum Anlass einer Erörterung nehme, während § 160 Abs. 1 S. 2 FamFG eine „konkrete" Kindeswohlgefährdung voraussetze (Dutta/Jacoby/Schwab/Lack § 157 RN 6). Letztlich unterscheiden sich die Begriffe „erörtern" und „anhören" nach hier vertretener Auffassung im Sprachgebrauch durch die Intensität und die Zielrichtung des Gespräches, das bei der Erörterung mehr auf eine Suche zur Problemlösung (Kindeswohlgefährdung) gerichtet ist.

Der Grundsatz der „persönlichen" Anhörung (sorgeberechtigter Eltern) gilt für „sonstige" Kindschaftssachen (also bei Kindschaftssachen, die ausschließlich das Vermögen des Kindes betreffen) insoweit nicht, als hier zum einen die „persönliche" Anhörung entfällt (entfallen kann), sodass auch eine schriftliche Anhörung ausreichend ist, zum anderen sind nicht sorgeberechtigte Eltern/Elternteile nur anzuhören, (also gegebenenfalls schriftlich), wenn von der Anhörung eine Aufklärung erwartet werden kann, § 160 Abs. 2 S. 2 FamFG. Aus der gesetzlichen Differenzierung in § 160 Abs. 1 und 2 FamFG ist die Schlussfolgerung zu ziehen, dass in sämtlichen Verfahren, die die Person des Kindes betreffen, § 160 Abs. 1 S. 1 und 2 FamFG, auch Eltern anzuhören sind, denen die elterliche Sorge nicht zusteht, und zwar unabhängig davon, ob bei ihnen von einer Anhörung eine Aufklärung zu erwarten ist (Dutta/Jacoby/Schwab/Lack, § 160 RN 1).

Soweit bei den in § 160 Abs. 1 u. Abs. 2 FamFG genannten Verfahren eine Anhörung vorgesehen ist, darf „nur aus schwerwiegenden Gründen" von einer Anhörung abgesehen werden, § 160 Abs. 3 FamFG. Das Unterbleiben der Anhörung ist damit nach dem Willen des Gesetzes eindeutig der Ausnahmefall. Wegen der Bedeutung der Anhörung sind die schwerwiegenden Gründe, die das Gericht dazu bewogen haben, von einer Anhörung abzusehen, in den Entscheidungsgründen darzulegen (ebd. RN 25 m. w. N.).

Eine Ausnahme von der Anhörung gilt bei Gefahr im Verzug; dann ist allerdings die unverzügliche Nachholung geboten, § 160 Abs. 4 FamFG.

10. Anhörung und Beteiligung des Jugendamts

§ 162 FamFG regelt Anhörung und Beteiligung des Jugendamts in Kindschaftssachen, die die Person des Kindes betreffen.

§ 162 FamFG
Mitwirkung des Jugendamts

(1) Das Gericht hat in Verfahren, die die Person des Kindes betreffen, das Jugendamt anzuhören. Unterbleibt die Anhörung wegen Gefahr im Verzug, ist sie unverzüglich nachzuholen.
(2) In Verfahren nach den §§ 1666 und 1666a des Bürgerlichen Gesetzbuchs ist das Jugendamt zu beteiligen. Im Übrigen ist das Jugendamt auf seinen Antrag am Verfahren zu beteiligen.
(3) In Verfahren, die die Person des Kindes betreffen, ist das Jugendamt von Terminen zu benachrichtigen und ihm sind alle Entscheidungen des Gerichts bekannt zu machen. Gegen den Beschluss steht dem Jugendamt die Beschwerde zu.

§ 162 Abs. 1 FamFG enthält bzgl. des Jugendamts eine umfassende Anhörungsregelung für alle Verfahren, die die Person des Kindes betreffen. Ohne die mit der Anhörung verbundene Sachaufklärung und ohne die fachliche Unterstützung des Jugendamtes wäre das Gericht nur schwerlich (wenn überhaupt!) in der Lage, eine bestmögliche am Kindeswohl orientierte Entscheidung zu erarbeiten.

10.1

Der Pflicht des Familiengerichts, das Jugendamt in den fraglichen Verfahren anzuhören, entspricht die in § 50 SGB VIII geregelte Mitwirkungs- und Unterstützungspflicht des Jugendamts. Während bei der Anhörung der Eltern die Gewährung des rechtlichen Gehörs und die Aufklärung des Sachverhalts im Vordergrund stehen (s. o.), ist die Anhörung des Jugendamts inhaltlich klar festgelegt und inhaltlich umschrieben: „Das Jugendamt unterrichtet insbesondere über angebotene und erbrachte Leistungen, bringt erzieherische und soziale Gesichtspunkte zur Entwicklung des Kindes oder des Jugendlichen ein und weist auf weitere Möglichkeiten der Hilfe hin“, § 50 Abs. 2 S. 1 SGB VIII. Diese Verklammerung in der Bearbeitung der die Person des Kindes betreffenden Kindschaftssachen erschien dem Gesetzgeber von herausragender Bedeutung, um die (unterschiedlichen) fachlichen Kompetenzen (von Gericht und Jugendamt) zur Bewältigung der in den genannten Verfahren bestehenden Probleme zu bündeln und zu optimieren.

Die Anhörung hat „im“ Verfahren – also während des Verfahrens und damit rechtzeitig vor einer sich abzeichnenden Entscheidung – zu erfolgen. Muss die Anhörung wegen Gefahr im Verzug (aus Zeitmangel wegen der Dringlichkeit der gerichtlichen Maßnahme) unterbleiben, ist sie unverzüglich nachzuholen, § 162 Abs. 1 S. 2 FamFG.

10.2

Durch die gesetzlich vorgesehene Anhörung wird das Jugendamt noch nicht zum (formell) Beteiligten (§ 7 Abs. 6 FamFG), es muss hierzu vielmehr einen entsprechenden eigenen Antrag stellen, § 162 Abs. 2 Satz 2 FamFG. Etwas anderes gilt nach § 162 Abs. 2 S. 1 FamFG explizit für Verfahren wegen Kindeswohlgefährdung (§§ 1666, 1666a BGB): Hier besteht eine Pflicht zur Beteiligung (sog. „Mussbeteiligung", § 7 Abs. Abs. 2 Nr. 2 FamFG), weil insoweit die Beteiligung des Jugendamtes immer als notwendig angesehen wird.

§ 7 FamFG
Beteiligte

(1) In Antragsverfahren ist der Antragsteller Beteiligter.

(2) Als Beteiligte sind hinzuzuziehen:

1. diejenigen, deren Recht durch das Verfahren unmittelbar betroffen wird,
2. diejenigen, die auf Grund dieses oder eines anderen Gesetzes von Amts wegen oder auf Antrag zu beteiligen sind.

(3) Das Gericht kann von Amts wegen oder auf Antrag weitere Personen als Beteiligte hinzuziehen, soweit dies in diesem oder einem anderen Gesetz vorgesehen ist.

(4) Diejenigen, die auf ihren Antrag als Beteiligte zu dem Verfahren hinzuzuziehen sind oder hinzugezogen werden können, sind von der Einleitung des Verfahrens zu benachrichtigen, soweit sie dem Gericht bekannt sind. Sie sind über ihr Antragsrecht zu belehren.

(5) Das Gericht entscheidet durch Beschluss, wenn es einem Antrag auf Hinzuziehung gemäß Absatz 2 oder Absatz 3 nicht entspricht. Der Beschluss ist mit der sofortigen Beschwerde in entsprechender Anwendung der §§ 567 bis 572 der Zivilprozessordnung anfechtbar.

(6) Wer anzuhören ist oder eine Auskunft zu erteilen hat, ohne dass die Voraussetzungen des Absatzes 2 oder Absatzes 3 vorliegen, wird dadurch nicht Beteiligter.

10.3

Gem. § 162 Abs. 2 S. 1 FamFG ist das Jugendamt in Verfahren nach §§ 1666, 1666a BGB grundsätzlich zu beteiligen, wodurch sich seine Verfahrensstellung in Kindschaftsverfahren noch weiter verstärkt. Als Beteiligtem stehen dem Jugendamt verschiedene weitere verfahrensrechtliche Ansprüche zu. Hierzu zählen u. a. Recht auf Akteneinsicht, Recht auf Überlassung aller Schriftsätze, Gelegenheit zu Stellungnahmen, Ablehnungsgesuche gegen Sachverständige und Richter, usw. Soweit es i. Ü. um die Person des Kindes betreffende Verfahren geht, hat das Jugendamt die Wahlmöglichkeit, ob es einen Antrag auf Beteiligung stellt, § 162 Abs. 2 S. 2 FamFG.

10.4

Als Folge der Anhörungsverpflichtung enthält § 162 Abs. 3 Satz 1 FamFG für das Gericht die (weitere) prinzipielle Pflicht, das Jugendamt über (alle!) beabsichtigten oder anstehenden Termine in Kindschaftssachen, die die Person des Kindes betreffen, zu benachrichtigen. Damit ist das Jugendamt – ungeachtet der Anhörungsverpflichtung nach Abs. 1 – in den gerichtlichen Entscheidungsprozess einbezogen, sodass ihm die Möglichkeit eröffnet wird, sich über den Stand des Verfahrens zu informieren und im Einzelfall nach pflichtgemäßem Ermessen zu entscheiden, ob es in dem anstehenden Termin von seinem Anwesenheitsrecht Gebrauch machen will. Neben der Pflicht zur Terminbenachrichtigung sind dem Jugendamt auch alle (!) (gerichtlichen) Entscheidungen bekannt zu machen. Mit dieser Handhabung ist es praktisch ausgeschlossen, dass das zuständige Jugendamt von den fraglichen Verfahren – in denen seine Mitwirkung weitgehend gesetzlich vorgesehen ist – keine Kenntnis erhält.

10.5

Gem. § 162 Abs. 3 S. 2 i. V. m. § 59 Abs. 3 FamFG steht dem Jugendamt grundsätzlich ein Beschwerderecht gegen den Beschluss des Familiengerichts zu. Die Beschwerdebefugnis beruht nach diesen Vorschriften darauf, dass das Jugendamt öffentliche Interessen „unter Kindeswohlgefährdungsgesichtspunkten“ wahrnimmt (OLG Koblenz FamRZ 2017, S. 1229). Dadurch, dass das Jugendamt nach § 162 Abs. 1 FamFG anzuhören war, sollte es in die Entscheidung fachlich einbezogen werden. Damit verfügt das Jugendamt zugleich auch über die gebotene fachliche Einschätzung, inwieweit die gerichtliche Entscheidung das Wohl des Kindes wahrt bzw. dem Kindeswohl hinreichend entspricht. Mit seinem Beschwerderecht kann das Jugendamt im Interesse des Kindeswohls gegen die gerichtliche Entscheidung vorgehen – unabhängig und losgelöst von einer etwaigen Beschwerdebefugnis aus eigenem Recht – also wenn das Jugendamt durch eine gerichtliche Entscheidung eigene, ihm als Behörde zustehende Rechte, verletzt sieht (§ 59 Abs. 1 FamFG).

Gem. § 63 Abs. 1 FamFG ist die Beschwerde – soweit gesetzlich nichts anderes bestimmt ist – binnen einer Frist von einem Monat einzulegen. Richtet sich die Beschwerde gegen eine Endentscheidung im Verfahren der einstweiligen Anordnung, dann beträgt die Beschwerdefrist zwei Wochen, § 63 Abs. 2 Nr. 1 FamFG.

10.6

Obwohl einstweilige Anordnungen in Familiensachen nicht anfechtbar sind, § 57 S. 1 FamFG, sieht das Gesetz für bestimmte Verfahren eine Ausnahmeregelung vor, § 57 S. 2 FamFG: Danach sind einstweilige Anordnungen (in dem hier interessierenden Sachzusammenhang u. a.) über die elterliche Sorge für ein Kind, über die Herausgabe des Kindes an den anderen Elternteil oder über einen Antrag auf Verbleiben eines Kindes bei einer Pflege- oder Bezugsperson, § 57 S. 2 Nr. 1–3 FamFG, mit der Beschwerde gem. §§ 58ff. FamFG anfechtbar, wenn die einstweilige Anordnung auf Grund mündlicher Erörterung (Verhandlung) erging. Wurde die einstweilige Anordnung „ohne" mündliche Erörterung erlassen, ist sie nicht anfechtbar. In diesem Fall ist – auf Antrag eines Beteiligten – auf Grund mündlicher Verhandlung erneut zu entscheiden, § 54 Abs. 2 FamFG. Zusätzlich besteht gem. § 52 Abs. 1 FamFG die Möglichkeit, auf entsprechenden Antrag eines Beteiligten ein Hauptsacheverfahren einzuleiten.

§ 57 FamFG

Rechtsmittel

Entscheidungen in Verfahren der einstweiligen Anordnung in Familiensachen sind nicht anfechtbar. Dies gilt nicht in Verfahren nach § 151 Nummer 6 und 7 und auch nicht, wenn das Gericht des ersten Rechtszugs auf Grund mündlicher Erörterung

1. über die elterliche Sorge für ein Kind,
2. über die Herausgabe des Kindes an den anderen Elternteil,
3. über einen Antrag auf Verbleiben eines Kindes bei einer Pflege- oder Bezugsperson,
4. über einen Antrag nach den §§ 1 und 2 des Gewaltschutzgesetzes oder
5. in einer Ehewohnungssache über einen Antrag auf Zuweisung der Wohnung

entschieden hat.

(Weitere Einzelheiten zur einstweiligen Anordnung vgl. Kap. I, 16 sowie zur Verfahrensbeteiligung Kap. I, 7).

11. Beteiligung bzw. Anhörung der Pflegeperson

Die Möglichkeit, eine Pflegeperson als Beteiligte im Interesse des Kindes hinzuzuziehen, § 161 Abs. 1 FamFG, stellt eine erweiterte Interessenwahrnehmung des Kindes in einem die Person des Kindes betreffenden Verfahren dar. Die Gesetzesbegründung führt hierzu aus: „Bei länger andauernden Pflegeverhältnissen kann es im Interesse des Kindes liegen, die Pflegeperson formell am Verfahren zu beteiligen und ihr die mit der Beteiligung verbundenen Rechte und Pflichten aufzuerlegen. Die formelle Beteiligung stellt sicher, dass die Pflegeperson über den Fortgang des Verfahrens und über die Beweisergebnisse informiert wird und aktiv auf den Verlauf des Verfahrens Einfluss nehmen kann. Zugleich kann sie – z.B. bei der Regelung des Umgangs mit einem Kind – unmittelbar in die Entscheidung des Gerichts mit einbezogen werden. Das Ermessen des Gerichts bei der Entscheidung über die Hinzuziehung wird durch das Interesse des Kindes begrenzt. Ein entsprechendes Interesse liegt vor, wenn eine Hinzuziehung dem Kindeswohl dienen kann" (BT-Drucks. 16/6308 S. 241).

Unabhängig von einer Beteiligung der Pflegeperson am gerichtlichen Verfahren – mit allen Rechten und Pflichten als Beteiligter – enthält das Gesetz in § 161 Abs. 2 FamFG eine verpflichtende Anhörungsregelung für die Pflegeperson, sodass von ihrer Anhörung nicht mehr abgesehen werden kann (ebd.).

§ 161 FamFG
Mitwirkung der Pflegeperson

(1) Das Gericht kann in Verfahren, die die Person des Kindes betreffen, die Pflegeperson im Interesse des Kindes als Beteiligte hinzuziehen, wenn das Kind seit längerer Zeit in Familienpflege lebt. Satz 1 gilt entsprechend, wenn das Kind auf Grund einer Entscheidung nach § 1682 des Bürgerlichen Gesetzbuchs bei dem dort genannten Ehegatten, Lebenspartner oder Umgangsberechtigten lebt.
(2) Die in Absatz 1 genannten Personen sind anzuhören, wenn das Kind seit längerer Zeit in Familienpflege lebt.

11.1

Unter Familienpflege i. S. des Gesetzes ist jedes tatsächliche Pflegeverhältnis zu verstehen (Schulte-Bunert/Weinreich/Ziegler, § 161 Rdn. 3). Neben Pflegepersonen in Dauerpflegeverhältnissen und Bereitschaftspflegeverhältnissen gehören auch Adoptiveltern und Inkognitopflegeeltern zu dem hinzuzuziehenden Personenkreis (Dutta/Jacoby/Schwab/Lack § 161 RN 5). Beteiligung und Anhörung setzen allerdings voraus, dass das Kind sich „seit längerer Zeit“ in Familienpflege befindet.

Der Begriff „längere Zeit“ ist aus Sicht des Kindes bzw. nach dessen Zeitwahrnehmung zu beurteilen und nicht absolut i. S. einer bestimmten Zeitspanne zu verstehen. „Auszugehen ist vielmehr vom engeren kindlichen Zeitbegriff und den kindlichen Zeitvorstellungen, die wiederum in Beziehung zum Kindesalter stehen. Je jünger das Kind ist, umso länger wird ihm die Zeitspanne erscheinen und umso länger ist auch die Zeit in Beziehung zur Dauer seines bisherigen Lebens, sodass es schon einen recht langen Zeitraum darstellt, wenn ein einjähriges Kind seit einem halben Jahr in einer Pflegefamilie gelebt hat“ (Schulte-Bunert/Weinreich/Ziegler, § 161 RN 3).

11.2

Die Pflegeperson ist so früh wie möglich von der Einleitung des Verfahrens zu benachrichtigen und auf die Möglichkeit ihrer Hinzuziehung als Beteiligte hinzuweisen (Dutta/Jacoby/Schwab/Lack § 161 RN 11).

§ 7 FamFG
Beteiligte

(1) In Antragsverfahren ist der Antragsteller Beteiligter.
(2) Als Beteiligte sind hinzuzuziehen:
1. diejenigen, deren Recht durch das Verfahren unmittelbar betroffen wird,
2. diejenigen, die auf Grund dieses oder eines anderen Gesetzes von Amts wegen oder auf Antrag zu beteiligen sind.

(3) Das Gericht kann von Amts wegen oder auf Antrag weitere Personen als Beteiligte hinzuziehen, soweit dies in diesem oder einem anderen Gesetz vorgesehen ist.
(4) Diejenigen, die auf ihren Antrag als Beteiligte zu dem Verfahren hinzuzuziehen sind oder hinzugezogen werden können, sind von der Einleitung des Verfahrens zu benachrichtigen, soweit sie dem Gericht bekannt sind. Sie sind über ihr Antragsrecht zu belehren.
(5) Das Gericht entscheidet durch Beschluss, wenn es einem Antrag auf Hinzuziehung gemäß Absatz 2 oder Absatz 3 nicht entspricht. Der Beschluss ist mit der sofortigen Beschwerde in entsprechender Anwendung der §§ 567 bis 572 der Zivilprozessordnung anfechtbar.
(…)

Unabhängig von der Entscheidung, ob die Pflegeperson als Beteiligte hinzugezogen wird, § 161 Abs. 1 S. 1 i. V. m. § 7 Abs. 3 FamFG, ist sie grundsätzlich in einem die Person des Kindes betreffenden Verfahren anzuhören. Die gleiche Regelung gilt für die in § 161 Abs. 1 S. 2 FamFG genannten Bezugspersonen. Die Entscheidung über die Hinzuziehung als Beteiligter erfolgt von Amts wegen im pflichtgemäßen Ermessen oder auf Antrag der Pflegeperson, § 161 Abs. 1 i. V. m. § 7 Abs. 3 FamFG.

12. Der Sachverständige im Kindschaftsverfahren – Qualifikation, Beauftragung und Pflicht zur schnellen Begutachtung

12.1

Nach der Reform des Sachverständigenrechts (2016) dürfen familienrechtliche Gutachten in Kindschaftssachen über die elterliche Sorge, die Kindesherausgabe und das Umgangsrecht einschließlich Auskunftsrecht nur noch von besonders qualifizierten Sachverständigen erstattet werden. Bis zu diesem Zeitpunkt bestanden keine (gesetzlich festgelegten) fachlichen Anforderungen an die berufliche Qualifikation des Gutachters. Nunmehr müssen die Sachverständigen eine psychologische, psychotherapeutische, kinder- oder jugendpsychiatrische, psychiatrische oder ärztliche Berufsqualifikation haben. Pädagogen und Sozialpädagogen dürfen nur dann beauftragt werden, wenn sie über eine diagnostische oder analytische Zusatzqualifikation verfügen.

§163 FamFG
Sachverständigengutachten

(1) In Verfahren nach §151 Nummer 1 bis 3 ist das Gutachten durch einen geeigneten Sachverständigen zu erstatten, der mindestens über eine psychologische, psychotherapeutische, kinder- und jugendpsychiatrische, psychiatrische, ärztliche, pädagogische oder sozialpädagogische Berufsqualifikation verfügen soll. Verfügt der Sachverständige über eine pädagogische oder sozialpädagogische Berufsqualifikation, ist der Erwerb ausreichender diagnostischer und analytischer Kenntnisse durch eine anerkannte Zusatzqualifikation nachzuweisen.
(2) Das Gericht kann in Verfahren, die die Person des Kindes betreffen, anordnen, dass der Sachverständige bei der Erstellung des Gutachtens auch auf die Herstellung des Einvernehmens zwischen den Beteiligten hinwirken soll.

§151 FamFG
Kindschaftssachen

Kindschaftssachen sind die dem Familiengericht zugewiesenen Verfahren, die

1. die elterliche Sorge,
2. das Umgangsrecht und das Recht auf Auskunft über die persönlichen Verhältnisse des Kindes,
3. die Kindesherausgabe,

(...)

12.2

Bei Verfahren in Kindschaftssachen, die die Person des Kindes betreffen – also über die in §151 Nr. 1–3 FamFG genannten Verfahren hinaus, jedoch mangels Dispositionsbefugnis der Eltern nicht in Fällen der Kindeswohlgefährdung – kann das Gericht (zusätzlich) anordnen, dass der Sachverständige bei der Erstellung des Gutachtens „auch auf die Herstellung des Einvernehmens zwischen den Beteiligten hinwirken soll“, § 163 Abs. 2 FamFG. Gegen den Willen eines Beteiligten kommt allerdings eine Begutachtung mit dem Ziel der Herstellung des Einvernehmens nicht in Betracht (Dutta/Jacoby/Schwab/Lack § 163 RN 28). Gerade bei hochstrittigen Verfahren liegt eine solche Anordnung nahe, da der Gutachter bei seiner Tätigkeit großen Einblick in die bestehende Problematik gewinnt. Jedenfalls kann/soll der Sachverständige – mit seiner beruflichen Kompetenz – zugleich die Möglichkeit nutzen, mit den Beteiligten (in der Regel den Eltern) ein einvernehmliches Konzept zu erarbeiten, bei dem insbesondere auch die von ihm festgestellten und schon bewerteten Hintergründe der Problematik, aber auch die trennungsbedingten oder erziehungsdefizitären Probleme der Eltern thematisiert werden.

12.3

Mit dem Gutachtenauftrag hat das Gericht dem Sachverständigen eine Frist zur Erstattung des (schriftlichen) Gutachtens zu setzen. Vor der Ernennung des Sachverständigen sind die Parteien und Beteiligten grundsätzlich anzuhören, um z. B. mögliche Einwendungen gegen den Sachverständigen frühzeitig erörtern und prüfen zu können. Der Sachverständige ist andererseits verpflichtet, vor seiner Ernennung mögliche Interessenkollisionen oder Umstände mitzuteilen, die einer fristgerechten Erstattung des Gutachtens entgegenstehen.

Versäumt der Sachverständige die Frist zur Erstattung des Gutachtens, kann das Gericht ein Ordnungsgeld festsetzen (bis zu 3000 Euro), vgl. § 30 Abs. 1 FamFG i. V. m. §§ 404, 407a, 411 ZPO. Insgesamt sollten die Neuregelungen erklärtermaßen dazu dienen, den immer wieder entstehenden Verfahrensverzögerungen in Kindschaftssachen gezielt entgegen zu wirken.

12.4

In der familiengerichtlichen Praxis stellen die durch sachverständige Begutachtungen veranlassten Verfahrensverzögerungen ein letztlich kaum lösbares Problem dar: Einerseits bedarf es für eine gerichtliche Entscheidung einer gesicherten Tatsachengrundlage, andererseits stehen jedwede Verfahrensverzögerungen im Widerspruch zu den Vorrang- und Beschleunigungsprinzipien des kindschaftsrechtlichen Verfahrens (ähnlich: Dutta/Jacoby/Schwab/Lack § 163 RN 4).

Das BVerfG hat in diesem Zusammenhang zur Verfahrensgestaltung in kindesschutzrechtlichen Verfahren ausgeführt, dass es „einem vorläufigen Sorgerechtsentzug nicht entgegen (steht), dass es den Gerichten in kindesschutzrechtlichen Eilverfahren regelmäßig nicht möglich ist, noch vor der Eilentscheidung ein Sachverständigengutachten einzuholen (…). Verfassungsrechtlich entscheidend ist, ob die Gefährdungslage nach Ausmaß und Wahrscheinlichkeit aufgrund der vorhandenen Erkenntnisse bereits derart verdichtet ist, dass ein sofortiges Einschreiten auch ohne weitere gerichtliche Ermittlungen geboten ist“ (BVerfG, Nichtannahmebeschluss v. 23.04.2018 – 1 BvR 383/18 –, juris Orientierungssatz 2.). Weiter wird insoweit ausgeführt: „Der Grundrechtsschutz beeinflusst auch die Gestaltung des fachgerichtlichen Verfahrens (…). In Sorgerechtsverfahren haben die Familiengerichte das Verfahren so zu gestalten, dass es geeignet ist, eine möglichst zuverlässige Grundlage für eine am Kindeswohl orientierte Entscheidung zu erlangen (…). In Eilverfahren bleiben die praktisch verfügbaren Aufklärungsmöglichkeiten angesichts der spezifischen Eilbedürftigkeit dieser Verfahren allerdings regelmäßig hinter den im Hauptsacheverfahren bestehenden Möglichkeiten zurück. Den Gerichten ist es in kindesschutzrechtlichen Eilverfahren insbesondere regelmäßig nicht möglich, noch vor der Eilentscheidung ein Sachverständigengutachten einzuholen. Dies steht dem vorläufigen Sorgerechtsentzug jedoch nicht entgegen“ (ebd. RN 18). Schließlich heißt es zusammenfassend zur Verfahrensgestaltung in Eilverfahren: „Der Beschwerdeführer verkennt, dass in einstweiligen Rechtsschutzverfahren wegen des typischerweise bestehenden Eilbedürfnisses eine gesicherte Ermittlungsgrundlage gerade nicht gefordert ist. Die Gerichte konnten auch im vorliegenden Eilverfahren entscheiden, ohne zuvor ein Sachverständigengutachten und weitere ärztliche Stellungnahmen einzuholen. Es bestanden bereits hinreichende Anhaltspunkte für das Vorliegen einer gegenwärtig nur durch einen vorläufigen Sorgerechtsentzug abwendbaren Kindeswohlgefährdung. Ebenfalls nicht zu beanstanden ist, dass das Oberlandesgericht auf die Durchführung einer mündlichen Verhandlung verzichtet hat, weil es sich aufgrund der kurz zuvor erfolgten Anhörungen beim Amtsgericht keine weitergehenden Erkenntnisse versprach, zumal weder die Eltern im Beschwerdeverfahren Umstände vorgetragen haben, aus denen sich eine Veränderung der festgestellten kindeswohlgefährdenden Ausgangssituation ableiten ließe, noch solche Umstände sonst ersichtlich waren“ (ebd. RN 28,29).

12.5

Das Gericht hat das erstattete Gutachten kritisch zu würdigen und ist verpflichtet, das Gutachten in Bezug auf „Logik, Aktualität und Tragfähigkeit wissenschaftlicher Erkenntnisse, eingesetzter Erkenntnismethoden und deren Erforderlichkeit sowie gezogener Schlussfolgerungen zu überprüfen“ (Dutta/Jacoby/Schwab/Lack § 163 RN 55 m. w. N.).

Zur Verwertbarkeit eines Sachverständigengutachtens, auf das sich die fachgerichtliche Entscheidung stützt sowie zu den notwendigen Fragestellungen (im Streitfall zur Feststellung einer Kindeswohlgefährdung mit der Folge des Sorgerechtsentzuges) hat das BVerfG festgestellt: „Im Sachverständigengutachten wird die verfassungsrechtlich gebotene Frage nach einer nachhaltigen Gefährdung des Kindeswohls weder explizit noch in der Sache gestellt. Zwar gehört es zur Aufgabe von Sachverständigen, aus der juristischen Fragestellung wissenschaftlich beantwortbare Fragen des eigenen Fachgebiets abzuleiten. Die aus der Beweisfrage des Gerichts abgeleiteten Fragestellungen der Sachverständigen sind aber für sich genommen nicht geeignet, das rechtliche Merkmal der Kindeswohlgefahr umfassend aufzuklären. Das hätten die Gerichte bei der Verwertung der Feststellungen des Sachverständigengutachtens berücksichtigen und die Feststellungen eigenständig auf ihre rechtliche Relevanz hin auswerten müssen. Dies ist nicht in der gebotenen Weise geschehen. Im Sachverständigengutachten wurde aus der gerichtlichen Beweisfrage die psychologische Fragestellung abgeleitet, ob die Eltern ihre Erziehungsfähigkeit anhand der acht Herausforderungen des Lebens unter Beweis stellen können, zu denen neben der Kindererziehung die Bereiche Arbeit, Leistung und Beruf, kulturelles Leben und staatliche Rechts- und Werteordnung, Freizeitgestaltung, Verhältnis zu den Mitmenschen, Dauerpartnerschaft und Liebe, Umgang mit Konflikten und Einteilung von Ressourcen zählten. Die

Erziehungseignung wurde unter anderem davon abhängig gemacht, ob die Eltern dem Kind vermittelten und vorlebten, dass es ‚sinnvoll und erstrebenswert ist, zunächst Leistung und Arbeit in einer Zeiteinheit zu verbringen, sich dabei mit anderen messen zu können und durch die Erbringung einer persönlichen Bestleistung ein Verhältnis zu sich selbst und damit ein Selbstwertgefühl aufbauen zu können, [und es] selbst wenn die Kindeseltern arbeitslos sind, sinnvoll ist, sich eigeninitiativ um Arbeit zu bemühen, an Trainingsmaßnahmen teilzunehmen, Termine beim Sozialamt wahrzunehmen', ob die Eltern der ‚geistigen Entwicklung ihres Kindes größtmögliche Unterstützung und Hilfe zukommen lassen, damit die Kinder hier nach ihrem geistigen Vermögen auf eine persönliche Bestleistung hin gefördert werden und diese erbringen können' und dass die Eltern den Kindern ein ‚adäquates Verhältnis zu Dauerpartnerschaft und Liebe vorleben'. Mit diesen Fragestellungen wird die Erziehungsfähigkeit des Beschwerdeführers an einem Leitbild gemessen, das die von Art. 6 Abs. 2 und Abs. 3 GG geschützte primäre Erziehungszuständigkeit der Eltern in mehrerlei Hinsicht verfehlt. Die Eltern können grundsätzlich frei von staatlichen Eingriffen nach eigenen Vorstellungen darüber entscheiden, wie sie die Pflege und Erziehung ihrer Kinder gestalten und damit ihrer Elternverantwortung gerecht werden wollen (...). Die primäre Erziehungszuständigkeit beruht auf der Erwägung, dass die Interessen des Kindes in aller Regel am besten von seinen Eltern wahrgenommen werden (...) und die spezifisch elterliche Zuwendung dem Wohl der Kinder grundsätzlich am besten dient (...). Daher müssen die Eltern ihre Erziehungsfähigkeit nicht positiv ‚unter Beweis stellen'; vielmehr setzt eine Trennung von Eltern und Kind umgekehrt voraus, dass ein das Kind gravierend schädigendes Erziehungsversagen mit hinreichender Gewissheit feststeht. Außerdem folgt aus der primären Erziehungszuständigkeit der Eltern in der Sache, dass der Staat seine eigenen Vorstellungen von einer gelungenen Kindererziehung grundsätzlich nicht an die Stelle der elterlichen Vorstellungen setzen darf (...). Daher kann es keine Kindeswohlgefährdung begründen, wenn die Haltung oder Lebensführung der Eltern von einem bestimmten, von Dritten für sinnvoll gehaltenen Lebensmodell abweicht und nicht die aus Sicht des Staates bestmögliche Entwicklung des Kindes unterstützt. Dem tragen die im Sachverständigengutachten aufgeworfenen Fragen nicht hinreichend Rechnung"(BVerfG, Stattgebender Kammerbeschluss v. 19.11.2014–1 BvR 1178/14 –, juris RN 27–29).

13. Vermittlungsverfahren zur Durchführung einer gerichtlichen Umgangsregelung oder eines gerichtlich gebilligten Vergleichs

Die Bestimmung über das Vermittlungsverfahren, § 165 FamFG, befasst sich ausschließlich und umfassend mit der gerichtlichen Vermittlungsaufgabe bei der Vereitelung oder Erschwerung eines bereits gerichtlich oder vergleichsweise festgelegten Umgangs durch einen Elternteil mit einem gemeinschaftlichen Kind. Sinn und Zweck der Regelung bestehen im Wesentlichen darin, dem Kind eine Vollstreckung der Umgangsregelung mit Zwangsmitteln (gegen ein Elternteil) möglichst zu ersparen. Darüber hinaus kann aber auch unterstellt werden, dass Eltern, die sich bereits zu einem früheren Zeitpunkt vergleichsweise über die Durchführung des Umgangs geeinigt hatten, mit Hilfe eines Vermittlungsverfahrens erneut zu einer einvernehmlichen Umgangsregelung kommen.

§ 165 FamFG

Vermittlungsverfahren

(1) Macht ein Elternteil geltend, dass der andere Elternteil die Durchführung einer gerichtlichen Entscheidung oder eines gerichtlich gebilligten Vergleichs über den Umgang mit dem gemeinschaftlichen Kind vereitelt oder erschwert, vermittelt das Gericht auf Antrag eines Elternteils zwischen den Eltern. Das Gericht kann die Vermittlung ablehnen, wenn bereits ein Vermittlungsverfahren oder eine anschließende außergerichtliche Beratung erfolglos geblieben ist.

(2) Das Gericht lädt die Eltern unverzüglich zu einem Vermittlungstermin. Zu diesem Termin ordnet das Gericht das persönliche Erscheinen der Eltern an. In der Ladung weist das Gericht darauf hin, welche Rechtsfolgen ein erfolgloses Vermittlungsverfahren nach Absatz 5 haben kann. In geeigneten Fällen lädt das Gericht auch das Jugendamt zu dem Termin.

(3) In dem Termin erörtert das Gericht mit den Eltern, welche Folgen das Unterbleiben des Umgangs für das Wohl des Kindes haben kann. Es weist auf die Rechtsfolgen hin, die sich ergeben können, wenn der Umgang vereitelt oder erschwert wird, insbesondere darauf, dass Ordnungsmittel verhängt werden können oder die elterliche Sorge eingeschränkt oder entzogen werden kann. Es weist die Eltern auf die bestehenden Möglichkeiten der Beratung durch die Beratungsstellen und -dienste der Träger der Kinder- und Jugendhilfe hin.

(4) Das Gericht soll darauf hinwirken, dass die Eltern Einvernehmen über die Ausübung des Umgangs erzielen. Kommt ein gerichtlich gebilligter Vergleich zustande, tritt dieser an die Stelle der bisherigen Regelung. Wird ein Einvernehmen nicht erzielt, sind die Streitpunkte im Vermerk festzuhalten.

(5) Wird weder eine einvernehmliche Regelung des Umgangs noch Einvernehmen über eine nachfolgende Inanspruchnahme außergerichtlicher Beratung erreicht oder erscheint mindestens ein Elternteil in dem Vermittlungstermin nicht, stellt das Gericht durch nicht anfechtbaren Beschluss fest, dass das Vermittlungsverfahren erfolglos geblieben ist. In

diesem Fall prüft das Gericht, ob Ordnungsmittel ergriffen, Änderungen der Umgangsregelung vorgenommen oder Maßnahmen in Bezug auf die Sorge ergriffen werden sollen. Wird ein entsprechendes Verfahren von Amts wegen oder auf einen binnen eines Monats gestellten Antrag eines Elternteils eingeleitet, werden die Kosten des Vermittlungsverfahrens als Teil der Kosten des anschließenden Verfahrens behandelt.

Das bis in die Einzelheiten gesetzlich näher beschriebene Vermittlungsverfahren hat in der gerichtlichen Praxis – trotz des durchaus wünschenswerten Ziels der Befriedung elterlicher Umgangsprobleme – allerdings weniger Bedeutung.

Antragsberechtigt sind ausschließlich die Eltern. Inhaltlich befasst sich das Vermittlungsverfahren nur mit der Umgangsproblematik auf dem Hintergrund einer (zuvor bereits getroffenen) gerichtlichen Entscheidung bzw. eines in einem früheren Verfahren abgeschlossenen gerichtlich gebilligten Vergleichs, § 156 Abs. 2 FamFG. Die Teilnahme des Jugendamts ist lediglich in „geeigneten Fällen" vorgesehen, § 165 Abs. 2 S. 4 FamFG.

14. Abänderung und Überprüfung von Entscheidungen und gerichtlich gebilligten Vergleichen

Während § 166 FamFG die „verfahrensrechtlichen" Voraussetzungen einer Abänderung regelt, befasst sich § 1696 BGB mit den „materiellrechtlichen" Voraussetzungen. Der Grund für die prozessuale Möglichkeit, eine getroffene Entscheidung des Gerichts später wieder zu ändern, liegt – neben der Vielfalt gravierender Änderungen der Lebensumstände der Beteiligten – in der schwer abschätzbaren Entwicklung des Eltern-Kind-Verhältnisses.

Beide Normen – § 166 FamFG und § 196 BGB – stehen in einem direkten Zusammenhang.

§ 166 FamFG
Abänderung und Überprüfung von Entscheidungen und gerichtlich gebilligten Vergleichen

(1) Das Gericht ändert eine Entscheidung oder einen gerichtlich gebilligten Vergleich nach Maßgabe des § 1696 des Bürgerlichen Gesetzbuchs.

(2) Eine länger dauernde kindesschutzrechtliche Maßnahme, die von Amts wegen geändert werden kann, hat das Gericht in angemessenen Zeitabständen zu überprüfen.

(3) Sieht das Gericht von einer Maßnahme nach den §§ 1666 bis 1667 des Bürgerlichen Gesetzbuchs ab, soll es seine Entscheidung in einem angemessenen Zeitabstand, in der Regel nach drei Monaten, überprüfen.

§ 1696 BGB
Abänderung gerichtlicher Entscheidungen und gerichtlich gebilligter Vergleiche

(1) Eine Entscheidung zum Sorge- oder Umgangsrecht oder ein gerichtlich gebilligter Vergleich ist zu ändern, wenn dies aus triftigen, das Wohl des Kindes nachhaltig berührenden Gründen angezeigt ist. Entscheidungen nach § 1626a Absatz 2 können gemäß § 1671 Absatz 1 geändert werden; § 1671 Absatz 4 gilt entsprechend. § 1678 Absatz 2, § 1680 Absatz 2 sowie § 1681 Absatz 1 und 2 bleiben unberührt.
(2) Eine Maßnahme nach den §§ 1666 bis 1667 oder einer anderen Vorschrift des Bürgerlichen Gesetzbuchs, die nur ergriffen werden darf, wenn dies zur Abwendung einer Kindeswohlgefährdung oder zum Wohl des Kindes erforderlich ist (kindesschutzrechtliche Maßnahme), ist aufzuheben, wenn eine Gefahr für das Wohl des Kindes nicht mehr besteht oder die Erforderlichkeit der Maßnahme entfallen ist.
(3) Eine Anordnung nach § 1632 Absatz 4 ist auf Antrag der Eltern aufzuheben, wenn die Wegnahme des Kindes von der Pflegeperson das Kindeswohl nicht gefährdet.

Nach § 1696 Abs. 1 Satz 1 BGB sind demnach Entscheidungen zum Sorge- oder Umgangsrecht bzw. gerichtlich gebilligte Vergleiche (in Herausgabe- oder Umgangsverfahren, § 156 Absatz 2 FamFG) abzuändern, wenn dies unter dem Gesichtspunkt des Kindeswohls wegen veränderter maßgeblicher tatsächlicher Umstände oder der Änderung der Rechtslage geboten erscheint. Die Abänderung erfolgt von Amts wegen, allerdings zumeist auf Anregung des Jugendamts oder eines Elternteils.

14.1

Maßgebliche Gesichtspunkte für eine Änderung sind das Kindeswohl – selbstverständlich unter Beachtung der Kindeswohlkriterien des § 1697a BGB – sowie das Vorliegen triftiger Gründe, die eine Abänderungsentscheidung als notwendig erscheinen lassen. Im Zusammenhang mit der Abänderung einer Sorgerechtsentscheidung hat sich das Bundesverfassungsgericht im Einzelnen mit dem Änderungsmaßstab des § 1696 Abs. 1 BGB im Verhältnis zum geäußerten Willen eines sechsjährigen Kindes befasst und hierzu u. a. ausgeführt:

„Nach § 1696 Abs. 1 BGB müssen triftige, das Wohl des Kindes nachhaltig berührende Gründe vorliegen, welche eine Änderung der ursprünglichen Regelung angezeigt erscheinen lassen. Diese Regelung ist verfassungsrechtlich unbedenklich (…). Sie stellt im Interesse des Kindes aus Kontinuitätsgründen sicher, dass eine einmal getroffene Sorgerechtsentscheidung, obgleich sie nicht in materielle Rechtskraft erwächst, nicht beliebig und jederzeit, sondern erst nach Erreichen der genannten Änderungsschwelle modifizierbar ist. Wie in sonstigen Sorgerechtsverfahren ist auch im Abänderungsverfahren nach § 1696 Abs. 1 BGB der Wille des Kindes zu berücksichtigen, soweit dies mit seinem Wohl vereinbar ist. Indessen bleibt es grundsätzlich dem erkennenden Gericht überlassen, welchen Weg es im Rahmen der gesetzlichen Vorschriften für geeignet hält, um eine möglichst zuverlässige Grundlage für eine am Kindeswohl orientierte Entscheidung zu erlangen (...). Das Oberlandesgericht hat sich mit den widerstreitenden Positionen ausführlich und sorgfältig auseinandergesetzt und seine Entscheidung in erster Linie auf den Kontinuitätsgedanken gestützt. Dem Interesse des Kindes an der Stabilität seiner Lebensverhältnisse besondere Bedeutung beizumessen, ist einfachrechtlich durch den strengen Abänderungsmaßstab des § 1696 Abs. 1 BGB geboten und verfassungsrechtlich nicht zu beanstanden. (...) Der Gedanke der Geschwisterbindung gebietet von Verfassungs wegen keine andere Entscheidung. Das Oberlandesgericht hat nachvollziehbar dargelegt, dass dies bereits im Ausgangsverfahren berücksichtigt und nicht für durchschlagend erachtet wurde und dass eine zwischenzeitliche Änderung der für die ursprüngliche Entscheidung maßgeblichen tatsächlichen Verhältnisse hinsichtlich der Trennungssituation der Halbgeschwister offensichtlich nicht vorliege.(...) Dass das Gericht den Willensbekundungen des Kindes, beim Vater leben zu wollen, keine entscheidende Bedeutung beigemessen hat, bewegt sich ebenfalls im verfassungsrechtlich vertretbaren Rahmen. Das Oberlandesgericht hat nachvollziehbar ausgeführt, dass das Kind erst knapp sechs Jahre alt ist und sich in einem gravierenden Loyalitätskonflikt befindet, sodass dem aktuell gegenüber der Verfahrensbeiständin geäußerten Kindeswillen, wonach der Junge derzeit lieber beim Beschwerdeführer leben möchte, nur eine abgeschwächte Bedeutung zukommt" (vgl. BVerfG FamRZ 2015, S. 210–212).

14.2

§ 1696 Absatz 1 Satz 2 BGB verweist für eine nach § 1626a Abs. 2 BGB getroffene Sorgerechtsregelung jedoch auf einen anderen Abänderungsmaßstab: Wurde nicht miteinander verheirateten Eltern eines Kindes vom Familiengericht das Sorgerecht gem. § 1626a Abs. 2 BGB gemeinsam übertragen, unterliegt die Abänderung dieser Entscheidung dem Abänderungsmaßstab des § 1671 Abs. 1 BGB; dies bedeutet, dass die Abänderungsschwelle bzgl. dieses Verfahrens mit Blick auf § 1671 Abs. 1 BGB niedriger angelegt ist, wobei § 1671 Abs. 4 BGB entsprechend gilt (z. B. anderweitige Regelung zum Sorgerecht gem. § 1666 BGB). Ferner richten sich die Abänderungsgründe wegen Ruhens der elterlichen Sorge, wegen des Todes eines allein sorgeberechtigten Elternteils bzw. wegen Todeserklärung eines Elternteils, §§ 1678 Abs. 2, 1680 Abs. 2, 1681 Abs. 1 u. 2 BGB, weiterhin nach den dort genannten Vorschriften, § 1696 Abs. 1 S. 3 BGB, sodass der Änderungsmaßstab sich daran orientiert, dass die Entscheidung dem Kindeswohl nicht widersprechen darf.

14.3

Für die Abänderung (Aufhebung) kindesschutzrechtlicher Maßnahmen kommt es entscheidend darauf an, ob die Gefahr für das Wohl des Kindes entfallen ist oder ob die ergriffenen Schutzmaßnahmen nicht mehr (bzw. nicht mehr in dem bisherigen Umfang) notwendig sind, § 1696 Abs. 2 BGB. Zu den Verfahren, in denen kindesschutzrechtliche Maßnahmen ergriffen werden können, gehören solche wegen Gefährdung des Kindeswohls, §§ 1666 bis 1667 BGB, darüber hinaus aber auch „andere Vorschriften", die der Abwendung der Kindeswohlgefährdung dienen bzw. zum Wohl des Kindes erforderlich sind und damit die Einschränkung der Rechtsposition der Eltern zulassen (vgl. Grüneberg/Götz § 1696 RN 14). Zu diesen Vorschriften zählen z. B. u. a. §§ 1631b, 1632 Abs. 4, 1682, 1684 Abs. 4 BGB.

14.4

§ 1696 Abs. 3 BGB wurde durch das Gesetz zur Stärkung von Kindern und Jugendlichen (2021) eingefügt, was zugleich zu einer sachbezogenen Änderung in § 166 Abs. 2 FamFG führte. Beide Änderungen stehen in unmittelbarem Zusammenhang mit der Neuregelung des § 1632 Abs. 4 FamFG, der um Satz 2 dahingehend ergänzt wurde, dass das Gericht den Verbleib des Kindes bei der Pflegefamilie unter bestimmten Voraussetzungen „auf Dauer anordnen" kann.

§ 1632 BGB

Herausgabe des Kindes; Bestimmung des Umgangs; Verbleibensanordnung bei Familienpflege

(...)

(4) Lebt das Kind seit längerer Zeit in Familienpflege und wollen die Eltern das Kind von der Pflegeperson wegnehmen, so kann das Familiengericht von Amts wegen oder auf Antrag der Pflegeperson anordnen, dass das Kind bei der Pflegeperson verbleibt, wenn und solange das Kindeswohl durch die Wegnahme gefährdet würde. Das Familiengericht kann in Verfahren nach Satz 1 von Amts wegen oder auf Antrag der Pflegeperson zusätzlich anordnen, dass der Verbleib bei der Pflegeperson auf Dauer ist, wenn

1. sich innerhalb eines im Hinblick auf die Entwicklung des Kindes vertretbaren Zeitraums trotz angebotener geeigneter Beratungs- und Unterstützungsmaßnahmen die Erziehungsverhältnisse bei den Eltern nicht nachhaltig verbessert haben und eine derartige Verbesserung mit hoher Wahrscheinlichkeit auch zukünftig nicht zu erwarten ist und
2. die Anordnung zum Wohl des Kindes erforderlich ist.

Die Gesetzesbegründung führt hierzu im Einzelnen aus: „Entscheidungen in Kindschaftssachen erlangen keine materielle Rechtskraft. Sie stehen im Interesse des Kindeswohls vielmehr immer unter dem Vorbehalt der Abänderung oder Aufhebung aufgrund einer Veränderung der Verhältnisse. Kindschaftsrechtliche Entscheidungen sind daher grundsätzlich von Amts wegen nach § 1696 Absatz 1

Satz 1 BGB aus triftigen, das Wohl des Kindes nachhaltig berührenden Gründen abänderbar. Kindesschutzrechtliche Maßnahmen, d.h. insbesondere Entscheidungen nach § 1666 BGB, § 1632 Absatz 4 BGB und § 1684 Absatz 4 Satz 2 BGB, sind gemäß § 1696 Absatz 2 BGB von Amts wegen immer dann aufzuheben, wenn die Gefährdung nicht mehr besteht. Auch eine Dauerverbleibensanordnung kann deshalb nicht unaufhebbar sein, denn sonst käme sie in ihrer Wirkung für das Aufenthaltsbestimmungsrecht der Adoption des Kindes durch die Pflegeeltern nahe, die gegen den Willen der Eltern nur unter den engen Voraussetzungen des § 1748 BGB möglich ist. Aufgrund der besonders zu berücksichtigenden Umstände in Pflegekindschaftsverhältnissen ist eine gesonderte Regelung für die Möglichkeit der Überprüfung und Abänderung von Verbleibensanordnungen angezeigt. Wenn eine Gefährdung bei der Herkunftsfamilie weiterhin besteht (zum Beispiel, weil sich die Umstände, die zur Familienpflege geführt haben, nicht verbessert haben oder weil sich neue, das Kindeswohl gefährdende Umstände ergeben haben), kommt eine Aufhebung nicht in Betracht und kann das Kind nicht zu seiner Herkunftsfamilie zurückkehren. Kann eine Kindeswohlgefährdung bei der Herkunftsfamilie zum Zeitpunkt der Entscheidung über die Abänderung der Verbleibensanordnung demgegenüber nicht oder nicht mehr festgestellt werden, bedarf es der weiteren Prüfung, ob durch den Abbruch der kindlichen Bindung zu seiner Pflegeperson eine Kindeswohlgefährdung entstehen würde. Zu den vielen Gesichtspunkten, die das Gericht im Rahmen von § 1696 Abs. 3 BGB zu berücksichtigen hat, gehört unter anderem das Bedürfnis des Kindes nach kontinuierlichen und stabilen Lebensverhältnissen, also die Qualität der Beziehung zu den Pflegeeltern, der Erhalt des sonstigen Beziehungsnetzwerkes und inwieweit trotz der Fremdunterbringung gute Beziehungen zu den Eltern bestehen, sowie gegebenenfalls, inwieweit das Kind konkret aufgrund seiner Entwicklung bzw. mit Blick auf bestehende Entwicklungsdefizite besonders auf den Fortbestand des Verbleibs in der Pflegefamilie angewiesen ist. (…) Zu beachten sind darüber hinaus das Alter des Kindes zum Zeitpunkt der Fremdplatzierung und des erneuten Herausgabeverlangens, sonstige Bindungen, der – altersangemessen zu berücksichtigende – Kindeswille und inwieweit die Eltern einerseits und die Pflegeeltern andererseits bereit und in der Lage sind, dem Kind die Aufrechterhaltung der Beziehungen zum jeweils anderen Teil zu ermöglichen (sogenannte „Bindungstoleranz"). Auch die Qualität während der Fremdplatzierung wahrgenommener Umgangskontakte ist bei der zu treffenden Prognoseentscheidung zu berücksichtigen. Ist eine Kindeswohlgefährdung allein durch den Bindungsabbruch zu der Pflegeperson zu erwarten (…), führt dies weder automatisch zum Verbleib des Kindes bei der Pflegeperson noch zur sofortigen Rückführung des Kindes in die Herkunftsfamilie, da gemäß § 1666a Absatz 1 Satz 1 BGB Maßnahmen, mit denen eine Trennung des Kindes von der elterlichen Familie verbunden ist, nur zulässig sind, wenn der Gefahr nicht auf andere Weise, auch nicht durch öffentliche Hilfen begegnet werden kann.

Vor diesem Hintergrund ist weiter zu prüfen, ob die zu erwartende Gefährdung infolge des Bindungsabbruchs auf andere Weise, auch durch öffentliche Hilfen im Wege eines behutsam ausgestalteten Rückführungsprozesses, das heißt vor dem Umzug des Kindes zu den Herkunftseltern (Rückführung), in einem für das Kind vertretbaren Zeitraum vermieden werden kann. (…) Die Überprüfung und Abänderung der Verbleibensanordnung wird – anders als die von § 1696 Absatz 2 erfassten kindesschutzrechtlichen Maßnahmen – unter die Voraussetzung eines Antrags der Eltern gestellt. Begehren die Eltern selbst nicht die Aufhebung einer Verbleibensanordnung, bedarf es insoweit auch keiner Überprüfung von Amts wegen. Insbesondere der dauerhafte Verbleib des Kindes bei seiner Pflegeperson soll nicht durch ein Tätigwerden des Gerichts ohne entsprechendes Begehren der aufenthaltsbestimmungsberechtigten Eltern in Frage gestellt werden. Vielmehr soll die damit einhergehende Verunsicherung des Kindes vermieden werden. Gleichzeitig muss für Eltern aufgrund ihres verfassungsrechtlich durch Artikel 6 Absatz 2 Satz 1 GG verankerten Elternrechts aber die Möglichkeit der Überprüfung der gerichtlichen Anordnung, mit der die Trennung des Kindes verbunden ist, bestehen bleiben" (vgl. BT-Drucks. 19/26107, S. 130/131).

14.5

Nach der verfahrensrechtlichen Regelung des § 166 Abs. 2 FamFG besteht im Fall „einer länger dauernden kindesschutzrechtliche Maßnahme" eine Pflicht bzw. die Befugnis zur Überprüfung (der abzuändernden Maßnahme) „in angemessenen Zeitabständen". Die Überprüfung besteht z. B. in einer entsprechend konkreten Sachstandsanfrage beim Jugendamt. In der gerichtlichen Praxis hat sich ein Überprüfungszeitraum von etwa einem Jahr herausgebildet. Hat das Gericht hingegen von einer kindesschutzrechtlichen Maßnahme abgesehen, soll es diese Entscheidung in der Regel nach drei Monaten überprüfen, § 166 Abs. 3 FamFG. Dabei ist festzustellen, ob sich gerichtliche Maßnahmen tatsächlich als entbehrlich erwiesen, bzw. ob z. B. Ermahnungen des Gerichts (im Rahmen eines Erörterungstermins) die erwünschte Wirkung gezeigt haben.

14.6

Mit Rücksicht auf die Neuregelung des § 1696 Abs. 3 BGB (s. Kap. 14.4) wurde eine Änderung des § 166 Abs. 2 FamFG erforderlich. Die Gesetzesbegründung führ hierzu weiter aus: „Gemäß § 1696 Absatz 3 BGB ist die Dauerverbleibensanordnung nur auf Antrag der Eltern aufzuheben, weil der dauerhafte Verbleib des Kindes bei seiner Pflegeperson nicht durch ein Tätigwerden des Gerichts ohne entsprechendes Begehren der aufenthaltsbestimmungsberechtigten Eltern in Frage gestellt werden soll. Durch die Neufassung des § 166 Abs. 2 FamFG wird im Einklang mit dem in § 1696 Abs. 3 BGB enthaltenen Antragserfordernis klargestellt, dass das Gericht mangels amtswegiger Änderungskompetenz auch nicht verpflichtet ist, Dauerverbleibensanordnungen von Amts wegen zu überprüfen" (vgl. BT-Drucks. 19/26107 S. 133/134).

15. Anzuwendende Vorschriften bei freiheitsentziehender Unterbringung und freiheitsentziehenden Maßnahmen Minderjähriger

15.1

Die verfahrensrechtlichen Vorschriften des § 167 FamFG betreffen Verfahren über die Genehmigung einer Unterbringung bzw. einer freiheitsentziehenden Maßnahme bei einem Minderjährigen nach § 1631b Abs. 1 und 2 BGB (Kindschaftssache gem. § 151 Nr. 6 FamFG), sowie die Genehmigung oder Anordnung einer freiheitsentziehenden Unterbringung, freiheitsentziehenden Maßnahme oder ärztlichen Zwangsmaßnahme bei einem Minderjährigen nach den Landesgesetzen über die Unterbringung psychisch Kranker (Kindschaftssache gem.§ 151 Nr. 7 FamFG).

§ 1631b BGB

Freiheitsentziehende Unterbringung und freiheitsentziehende Maßnahmen

(1) Eine Unterbringung des Kindes, die mit Freiheitsentziehung verbunden ist, bedarf der Genehmigung des Familiengerichts. Die Unterbringung ist zulässig, solange sie zum Wohl des Kindes, insbesondere zur Abwendung einer erheblichen Selbst- oder Fremdgefährdung, erforderlich ist und der Gefahr nicht auf andere Weise, auch nicht durch andere öffentliche Hilfen, begegnet werden kann. Ohne die Genehmigung ist die Unterbringung nur zulässig, wenn mit dem Aufschub Gefahr verbunden ist; die Genehmigung ist unverzüglich nachzuholen.

(2) Die Genehmigung des Familiengerichts ist auch erforderlich, wenn dem Kind, das sich in einem Krankenhaus, einem Heim oder einer sonstigen Einrichtung aufhält, durch mechanische Vorrichtungen, Medikamente oder auf andere Weise über einen längeren Zeitraum oder regelmäßig in nicht altersgerechter Weise die Freiheit entzogen werden soll. Absatz 1 Satz 2 und 3 gilt entsprechend.

§ 167 Abs. 1 FamFG erklärt für die Verfahren nach § 151 Nr. 6 FamFG die gem. § 312 Nr. 1 und 2 FamFG geltenden Vorschriften über die Genehmigung und Anordnung einer freiheitsentziehenden Unterbringung (§ 1831 Abs. 1 und 2 BGB) bzw. einer freiheitsentziehenden Maßnahme (§ 1831 Abs. 4 BGB) bei einem Betreuten (durch den Betreuer) für anwendbar – weiterhin für die Verfahren nach § 151 Nr. 7 FamFG die nach § 312 Nr. 4 FamFG geltenden Vorschriften über die freiheitsentziehende Unterbringung bzw. freiheitsentziehende Maßnahme oder ärztliche Zwangsmaßnahmen bei Volljährigen nach den Landesgesetzen über die Unterbringung psychisch Kranker. Diese Verfahren werden gem. § 312 FamFG gesetzlich als Unterbringungssachen definiert.

Die §§ 312 ff. FamFG betreffen die Verfahren in Unterbringungssachen Volljähriger, durch die diversen Verweisungen kommen diese Vorschriften in Kindschaftssachen zur Anwendung – allerdings in durch § 167 FamFG modifizierter Form.

§ 167 FamFG

Anwendbare Vorschriften bei Unterbringung Minderjähriger und bei freiheitsentziehenden Maßnahmen bei Minderjährigen

(1) In Verfahren nach § 151 Nummer 6 sind die für Unterbringungssachen nach § 312 Nummer 1 und 2, in Verfahren nach § 151 Nummer 7 die für Unterbringungssachen nach § 312 Nummer 4 geltenden Vorschriften anzuwenden. An die Stelle des Verfahrenspflegers tritt der Verfahrensbeistand. Die Bestellung eines Verfahrensbeistands ist stets erforderlich.

(2) Ist für eine Kindschaftssache nach Absatz 1 ein anderes Gericht zuständig als dasjenige, bei dem eine Vormundschaft oder eine die Unterbringung erfassende Pflegschaft für den Minderjährigen eingeleitet ist, teilt dieses Gericht dem für das Verfahren nach Absatz 1 zuständigen Gericht die Anordnung und Aufhebung der Vormundschaft oder Pflegschaft, den Wegfall des Aufgabenbereichs Unterbringung und einen Wechsel in der Person des Vormunds oder Pflegers mit; das für das Verfahren nach Absatz 1 zuständige Gericht teilt dem anderen Gericht die Unterbringungsmaßnahme, ihre Änderung, Verlängerung und Aufhebung mit.

(3) Der Betroffene ist ohne Rücksicht auf seine Geschäftsfähigkeit verfahrensfähig, wenn er das 14. Lebensjahr vollendet hat.

(4) In den in Absatz 1 Satz 1 genannten Verfahren sind die Elternteile, denen die Personensorge zusteht, der gesetzliche Vertreter in persönlichen Angelegenheiten sowie die Pflegeeltern persönlich anzuhören.

(5) Das Jugendamt hat die Eltern, den Vormund oder den Pfleger auf deren Wunsch bei der Zuführung zur Unterbringung zu unterstützen.

(6) In Verfahren nach § 151 Nr. 6 und 7 soll der Sachverständige Arzt für Kinder- und Jugendpsychiatrie und -psychotherapie sein. In Verfahren nach § 151 Nr. 6 kann das Gutachten auch durch einen in Fragen der Heimerziehung ausgewiesenen Psychotherapeuten, Psychologen, Pädagogen oder Sozialpädagogen erstattet werden. In Verfahren der Genehmigung freiheitsentziehender Maßnahmen genügt ein ärztliches Zeugnis; Satz 1 gilt entsprechend.

(7) Die freiheitsentziehende Unterbringung und freiheitsentziehende Maßnahmen enden spätestens mit Ablauf von sechs Monaten, bei offensichtlich langer Sicherungsbedürftigkeit spätestens mit Ablauf von einem Jahr, wenn sie nicht vorher verlängert werden.

§ 312 FamFG
Unterbringungssachen

Unterbringungssachen sind Verfahren, die die Genehmigung oder Anordnung einer

1. freiheitsentziehenden Unterbringung nach § 1831 Absatz 1 und 2 auch in Verbindung mit Absatz 5 des Bürgerlichen Gesetzbuchs,
2. freiheitsentziehenden Maßnahme nach § 1831 Absatz 4 auch in Verbindung mit Absatz 5 des Bürgerlichen Gesetzbuchs,
3. ärztlichen Zwangsmaßnahme, auch einschließlich einer Verbringung zu einem stationären Aufenthalt, nach § 1832 Absatz 1, 2 und 4 auch in Verbindung mit Absatz 5 des Bürgerlichen Gesetzbuchs oder
4. freiheitsentziehenden Unterbringung, freiheitsentziehenden Maßnahme oder ärztlichen Zwangsmaßnahme bei Volljährigen nach den Landesgesetzen über die Unterbringung psychisch Kranker

betreffen (Unterbringungsmaßnahme).

15.2

Bei der freiheitsentziehenden Unterbringung eines Minderjährigen (auf Veranlassung des Personensorgeberechtigten unter Ausübung seines Aufenthaltsbestimmungsrechts) spricht man auch von einer sog. zivilrechtlichen Unterbringung. Hiervon zu unterscheiden ist die freiheitsentziehende Unterbringung psychisch Kranker nach den Landesgesetzen, die auch als sog. öffentlich-rechtliche Unterbringung bezeichnet wird.

Die freiheitsentziehende Unterbringung, § 1631b Abs. 1 BGB, ist wiederum abzugrenzen von (nicht altersgerechten!) freiheitsentziehenden Maßnahmen, § 1631b Abs. 2 BGB. Deren Genehmigungserfordernis wurde durch das Gesetz zur Einführung eines familiengerichtlichen Genehmigungsvorbehaltes für freiheitsentziehende Maßnahmen bei Kindern (2017) eingeführt. Dabei gilt die Genehmigungspflicht für freiheitsentziehende Maßnahmen unabhängig davon, ob der Minderjährige bereits mit gerichtlicher Genehmigung freiheitsentziehend untergebracht ist oder nicht: Gegebenenfalls werden also zwei gerichtliche Genehmigungen erforderlich.

Eine freiheitsentziehende Maßnahme i. S. des § 1631b Abs. 2 BGB liegt nur dann vor, wenn der Zweck der Maßnahme in der Freiheitsentziehung besteht, also die Maßnahme den Minderjährigen an der Fortbewegung hindern soll: Dient die konkrete Maßnahme dagegen ausschließlich anderen Zwecken wie etwa therapeutischen oder medizinischen Zwecken, z. B. die Fixierung eines mehrfachbehinderten Kindes im Rollstuhl der Aufrichtung des Körpers und der Atmungserleichterung oder die Verabreichung von Medikamenten, die als Nebenwirkung die Bewegungsfreiheit möglicherweise erheblich einschränken, zu Heilzwecken, unterliegt die Entscheidung der Eltern über den Einsatz der

Maßnahme nicht dem Vorbehalt der Genehmigung durch das Familiengericht (vgl. BT-Drucks. 18/11278, S. 17).

Eine geringfügige, lediglich im Ausnahmefall anlassbezogen erfolgende kurze Beschränkung der Freiheit löst ein Genehmigungserfordernis nicht aus (ebd.). Eine Genehmigungspflicht besteht deshalb nur, soweit die freiheitsentziehenden Maßnahmen „über einen längeren Zeitraum oder regeläßig" erfolgen, § 1631b Abs. 2 BGB (ebd.). Adäquate und übliche erziehungsbedingte Maßnahmen erfordern ebenfalls keine gerichtliche Genehmigung. Das Gesetz beschränkt zudem das Genehmigungserfordernis ausdrücklich auf nicht altersgerechte Maßnahmen. Laufställe, Hochstühle für Kleinkinder und ähnliche übliche und sinnvolle Maßnahmen in Ausübung der elterlichen Sorge unterliegen daher ebenfalls nicht der Genehmigungspflicht (vgl. wie vor).

15.3

Gem. § 167 Abs. 1 S. 2 FamFG ist in sämtlichen genannten Verfahren bei einem Minderjährigen obligatorisch ein Verfahrensbeistand zu bestellen, der an die Stelle eines (in betreuungsrechtlichen Unterbringungsverfahren üblichen) Verfahrenspflegers tritt. Aufgaben und weitere Funktionen des Verfahrensbeistands ergeben sich aus § 158 ff. FamFG (vgl. hierzu im Einzelnen Kap. II).

Die Höchstdauer von freiheitsentziehender Unterbringung bzw. von freiheitsentziehenden Maßnahmen beträgt gem. § 167 Abs. 7 FamFG einheitlich sechs Monate – mit der Möglichkeit der Verlängerung; bei offensichtlich langer Sicherungsbedürftigkeit kann eine Höchstdauer bis zu einem Jahr bestimmt werden (Ausnahmefall).

Das betroffene Kind ist für alle in § 167 Abs. 1 FamFG genannten Verfahren ohne Rücksicht auf seine Geschäftsfähigkeit verfahrensfähig, soweit es das 14. Lebensjahr vollendet hat, § 167 Abs. 3. Der in diesem Sinne verfahrensfähige Minderjährige ist damit zu allen Verfahrenshandlungen (wie ein Volljähriger) berechtigt, die im Zusammenhang mit den fraglichen Verfahren anfallen (Beauftragung eines Rechtsanwalts, Akteneinsicht, Richterablehnung, Verfahrenskostenhilfeantrag usw.).

Das Gesetz nennt weiter in § 167 Abs. 4 FamFG als zwingend anzuhörende Personen die Elternteile, denen die Personensorge zusteht, den gesetzlichen Vertreter in persönlichen Angelegenheiten sowie die Pflegeeltern. Durch die mündliche Anhörung dieser drei Personenkreise sollen Kommunikationsschwierigkeiten vermieden und nicht sogleich ins Auge fallende Entwicklungsstörungen des Kindes dem Gericht vermittelt werden. Die zwingende Anhörung der Pflegeeltern – auch wenn das Kind noch nicht längere Zeit bei den Pflegeeltern gelebt hat – beruht darauf, dass die Pflegeeltern häufig über die aktuellsten Erkenntnisse verfügen, die für die Entscheidung erheblich sind (vgl. Schulte-Bunert/Ziegler § 167 RN 6 m. w. N.).

15.4

Von Bedeutung ist ferner der Hinweis in § 167 Abs. 5 FamFG, dass das Jugendamt die Eltern, den Vormund oder den Pfleger auf deren Wunsch bei der Zuführung des Kindes zur Unterbringung zu unterstützen hat.

Schließlich legt § 167 Abs. 6 FamFG die Qualifikation des Sachverständigen fest, die je nach Krankheitsbild variieren kann, z. B. starke Verhaltensauffälligkeiten – Freiheitsentziehung – bzw. eindeutige Erziehungsdefizite – Unterbringung in einem Heim der Kinder- und Jugendhilfe (Dutta/Jacoby/Schwab/Zorn/Ivanits § 167 RN 33 m. w. N.).

Die Genehmigung bzw. Anordnung einer öffentlich-rechtlichen Unterbringung eines Minderjährigen, einschließlich freiheitsentziehender Maßnahmen oder ärztlicher Zwangsmaßnahmen bei einem Minderjährigen nach den Landesgesetzen über die Unterbringung psychisch Kranker wird gem. § 151 Nr. 7 FamFG ebenfalls als Kindschaftssache behandelt, für die das Familiengericht zuständig ist und die verfahrensrechtlich nach § 167 FamFG mit den entsprechenden rechtlichen Verweisen zu behandeln ist.

16. Einstweilige Anordnung

Ungeachtet der erörterten verfahrensgestaltenden Bestimmungen, die in bestimmten Kindschaftsverfahren durch zügige Erörterung und gezieltes Hinwirken ein zeitnahes Einvernehmen der Beteiligten in der Problembewältigung anstreben, weist das Gesetz in unterschiedlichem Sachzusammenhang zusätzlich auf die Prüfung des Erlasses einer einstweiligen Anordnung hin: So hat das Gericht, wenn eine einvernehmliche Regelung über den Aufenthalt, das Umgangsrecht oder die Herausgabe des Kindes in dem sog. frühen Termin nach § 155 Abs. 2 FamFG nicht erreicht werden kann, den Erlass einer einstweiligen Anordnung mit den Beteiligten und dem Jugendamt zu erörtern, § 156 Abs. 3 S. 1 FamFG. Im Falle der Anordnung der Teilnahme an einer Beratung oder einer schriftlichen Begutachtung soll das Gericht in Kindschaftssachen, die den Umgang betreffen, den Umgang durch einstweilige Anordnung regeln oder ausschließen, § 156 Abs. 3 S. 2 FamFG. Ferner hat das Gericht bei der Erörterung einer (möglichen) Kindeswohlgefährdung nach den §§ 1666 und 1666a BGB unverzüglich den Erlass einer einstweiligen Anordnung zu prüfen, § 157 Abs. 3 FamFG.

16.1

Das Verfahren der einstweiligen Anordnung ist umfassend und abschließend – auch für die Kindschaftssachen – in den §§ 49–57 FamFG geregelt.

> **§ 49 FamFG**
> **Einstweilige Anordnung**
> (1) Das Gericht kann durch einstweilige Anordnung eine vorläufige Maßnahme treffen, soweit dies nach den für das Rechtsverhältnis maßgebenden Vorschriften gerechtfertigt ist und ein dringendes Bedürfnis für ein sofortiges Tätigwerden besteht.
> (2) Die Maßnahme kann einen bestehenden Zustand sichern oder vorläufig regeln. Einem Beteiligten kann eine Handlung geboten oder verboten, insbesondere die Verfügung über einen Gegenstand untersagt werden. Das Gericht kann mit der einstweiligen Anordnung auch die zu ihrer Durchführung erforderlichen Anordnungen treffen.

Die einstweilige Anordnung ist ein eigenständiger (vorläufiger) Rechtsschutz und unabhängig von der Anhängigkeit eines Hauptsacheverfahrens, § 51 Abs. 3 FamFG. Das bedeutet z. B., dass es – ohne weiteres Hauptsacheverfahren – bei einer einstweiligen Anordnung verbleiben kann, wenn aus Sicht der Beteiligten eine sachgerechte Regelung erfolgt ist. Gem. § 114 Abs. 4 Nr. 1 FamFG ist das Verfahren der einstweiligen Anordnung insgesamt vom Anwaltszwang befreit.

Es ist grundsätzlich zu unterscheiden zwischen Amtsverfahren und Antragsverfahren, also Verfahren, die auf Antrag oder von Amts wegen geführt werden: In Verfahren, die nur auf Antrag eingeleitet werden können, wird auch eine einstweilige Anordnung nur auf Antrag erlassen, § 51 Abs. 1 FamFG; in Verfahren, die von Amts wegen eröffnet werden (z. B. Verfahren wegen Kindeswohlgefährdung), kann auch von Amts wegen eine einstweilige Anordnung erlassen werden, § 51 Abs. 1 FamFG (Umkehrschluss). Allerdings kann in Verfahren, die von Amts wegen eingeleitet werden (können), die Einleitung des (Amts-)Verfahrens angeregt werden, § 24 Abs. 1 FamFG.

Hat das Gericht im Amtsverfahren eine einstweilige Anordnung erlassen, muss es auf Antrag eines Beteiligten das Hauptsacheverfahren einleiten, § 52 Abs. 1 (mit weiteren Einzelheiten) FamFG. Wurde eine einstweilige Anordnung auf Antrag (also in einem Antragsverfahren) erlassen, muss das Gericht auf Antrag (des Antragsgegners) anordnen, dass der Antragsteller der einstweiligen Anordnung die Einleitung des Hauptsacheverfahrens beantragt, § 52 Absatz 2 (mit weiteren Einzelheiten) FamFG.

Das Gericht kann die im Amtsverfahren erlassene einstweilige Anordnung von Amts wegen jederzeit überprüfen, ändern oder aufheben, § 54 Absatz 1 Satz 1 FamFG. Eine im Antragsverfahren ergangene einstweilige Anordnung bedarf zur Aufhebung oder Änderung eines entsprechenden Antrags, §§ 54 Abs. 1 Satz 2 FamFG.

Wichtig: Wurde in einer Familiensache (§ 111 FamFG, wozu gem. Nr. 2 die Kindschaftssachen gehören) eine einstweilige Anordnung ohne mündliche Verhandlung – also im schriftlichen Verfahren – erlassen, ist auf Antrag eines Beteiligten – in der Regel des Antragsgegners – auf Grund mündlicher Verhandlung erneut (also nach Durchführung einer mündlichen Verhandlung) zu entscheiden, § 54 Abs. 2 FamFG.

16.2

Einstweilige Anordnungen in Familiensachen sind nicht anfechtbar, § 57 Abs. 1 Satz 1 FamFG. Ausnahme: Hat das Familiengericht nach mündlicher Erörterung eine einstweilige Anordnung über

- die elterliche Sorge für ein Kind,
- die Herausgabe des Kindes an den anderen Elternteil,
- einen Antrag auf Verbleib eines Kindes bei einer Pflege- oder Bezugsperson
- (…)

erlassen, kann gegen die einstweilige Anordnung Beschwerde eingelegt werden; die Beschwerde ist in den allgemeinen Vorschriften über das Beschwerdeverfahren geregelt ist, §§ 58 ff. FamFG.

Jeder Beschluss hat eine Rechtmittelbelehrung zu enthalten, und zwar über das statthafte Rechtsmittel, den Hinweis bei welchem Gericht der Rechtsbehelf einzulegen ist, sowie einen Hinweis auf Gerichtssitz, einzuhaltende Form und Frist.

Bei der erneuten Entscheidung nach durchzuführender mündlicher Verhandlung, § 54 Abs. 2 FamFG, bzw. bei der Entscheidung auf Antrag im Hauptsacheverfahren, § 52 FamFG, entscheidet das gleiche Gericht, das die einstweilige Anordnung erlassen hat. Demgegenüber entscheidet über die Beschwerde gegen eine einstweilige Anordnung das im Instanzenzug übergeordnete Gericht durch Überprüfung, Abänderung, Aufhebung oder Bestätigung der erstinstanzlichen Entscheidung.

16.3

Zusammengefasst ergibt sich damit die folgende Übersicht:

§ 51 Abs. 3 FamFG: Verfahren der einstweiligen Anordnung sind nach dem FamFG grundsätzlich selbständige Verfahren. Es bedarf keines zusätzlichen Hauptsacheverfahrens. Dies bedeutet, dass das Verfahren mit einer Entscheidung im einstweiligen Anordnungsverfahren abschließend endet bzw. enden kann. In Amtsverfahren prüft das Familiengericht jedoch, ob dennoch die Einleitung eines Hauptsacheverfahrens geboten ist.

§ 57 Abs. 1 Satz 1 FamFG: Einstweilige Anordnungen in Familiensachen (also einschließlich Kindschaftssachen) sind (abgesehen von den Ausnahmen des S. 2) nicht (mit der Beschwerde) anfechtbar. Insoweit besteht allerdings die Möglichkeit der Einleitung eines Hauptsacheverfahrens gem. § 52 FamFG bzw. die Möglichkeit der Abänderung gem. § 54 Abs. 1 FamFG. Ausnahmen gem. § 57 Abs. 1 Satz 2 FamFG: Einstweilige Anordnungen, die aufgrund mündlicher Erörterung (Verhandlung) ergangen sind, können mit der Beschwerde angefochten werden, wenn sie

- über die elterliche Sorge für ein Kind,
- über die Herausgabe des Kindes an den anderen Elternteil
- über den Antrag auf Verbleiben eines Kindes bei einer Pflege- oder Bezugsperson ergangen sind,
- über einen Antrag nach §§ 1 u. 2 Gewaltschutzgesetz oder
- in einer Ehewohnungssache über einen Antrag auf Zuweisung der Ehewohnung ergangen sind.

Einstweilige Anordnungen in Unterbringungsverfahren Minderjähriger nach § 151 Nummer 6 und 7 FamFG sind grundsätzlich – also unabhängig, ob sie ohne mündliche Erörterung (im schriftlichen Verfahren) oder nach mündlicher Erörterung) ergangen sind – mit der Beschwerde anfechtbar, § 57 S. 2 1. Hs. FamFG.

Die Regelung des § 57 FamFG gilt damit nicht für eine einstweilige Anordnung über das Umgangsrecht, eine solche Entscheidung ist nicht mit der Beschwerde anfechtbar.

§ 54 Abs. 2 FamFG: Eine einstweilige Anordnung in einer Familiensache, die ohne mündliche Verhandlung erlassen wurde, „ist auf Antrag (eines Verfahrensbeteiligten) aufgrund mündlicher Verhandlung neu zu entscheiden" (Rechtsbehelf).

Eine im Amtsverfahren (also z. B. auf Anregung des Jugendamts – § 1666 BGB) ergangene einstweilige Anordnung kann auch von Amts wegen (natürlich auch auf Antrag) geändert oder aufgehoben werden.

17. Vollstreckung von Entscheidungen

17.1

Die Vollstreckung von Entscheidungen über die Herausgabe von Personen und die Regelung des Umgangs sind gem. § 88 Abs. 3 FamFG als familienrechtliche Vollstreckungsverfahren (§§ 88 bis 94 FamFG) vorrangig und beschleunigt durchzuführen, wobei allen Beteiligten bei unbegründeten Verfahrensverzögerungen die Rechtsbehelfe der Beschleunigungsrüge und der Beschleunigungsbeschwerde, vgl. §§ 155b, 155c FamFG, zur Verfügung stehen.

§ 88 FamFG

Grundsätze

(1) Die Vollstreckung erfolgt durch das Gericht, in dessen Bezirk die Person zum Zeitpunkt der Einleitung der Vollstreckung ihren gewöhnlichen Aufenthalt hat.

(2) Das Jugendamt leistet dem Gericht in geeigneten Fällen Unterstützung.

(3) Die Verfahren sind vorrangig und beschleunigt durchzuführen. Die §§ 155b und 155c gelten entsprechend.

17.2

Die §§ 88 ff. FamFG befassen sich mit der Vollstreckung von Entscheidungen über die Herausgabe von Personen und die Regelung des Umgangs.

§ 89 FamFG

Ordnungsmittel

(1) Bei der Zuwiderhandlung gegen einen Vollstreckungstitel zur Herausgabe von Personen und zur Regelung des Umgangs kann das Gericht gegenüber dem Verpflichteten Ordnungsgeld und für den Fall, dass dieses nicht beigetrieben werden kann, Ordnungshaft anordnen. Verspricht die Anordnung eines Ordnungsgelds keinen Erfolg, kann das Gericht Ordnungshaft anordnen. Die Anordnungen ergehen durch Beschluss.

(2) Der Beschluss, der die Herausgabe der Person oder die Regelung des Umgangs anordnet, hat auf die Folgen einer Zuwiderhandlung gegen den Vollstreckungstitel hinzuweisen.

(3) Das einzelne Ordnungsgeld darf den Betrag von 25 000 Euro nicht übersteigen. Für den Vollzug der Haft gelten § 802 g Abs. 1 Satz 2 und Abs. 2, die §§ 802h und 802j Abs. 1 der Zivilprozessordnung entsprechend.

(4) Die Festsetzung eines Ordnungsmittels unterbleibt, wenn der Verpflichtete Gründe vorträgt, aus denen sich ergibt, dass er die Zuwiderhandlung nicht zu vertreten hat. Werden Gründe, aus denen sich das fehlende Vertretenmüssen ergibt, nachträglich vorgetragen, wird die Festsetzung aufgehoben.

§ 90 FamFG
Anwendung unmittelbaren Zwanges

(1) Das Gericht kann durch ausdrücklichen Beschluss zur Vollstreckung unmittelbaren Zwang anordnen, wenn
1. die Festsetzung von Ordnungsmitteln erfolglos geblieben ist;
2. die Festsetzung von Ordnungsmitteln keinen Erfolg verspricht;
3. eine alsbaldige Vollstreckung der Entscheidung unbedingt geboten ist.

(2) Anwendung unmittelbaren Zwanges gegen ein Kind darf nicht zugelassen werden, wenn das Kind herausgegeben werden soll, um das Umgangsrecht auszuüben. Im Übrigen darf unmittelbarer Zwang gegen ein Kind nur zugelassen werden, wenn dies unter Berücksichtigung des Kindeswohls gerechtfertigt ist und eine Durchsetzung der Verpflichtung mit milderen Mitteln nicht möglich ist.

Bei Zuwiderhandlung gegen einen Vollstreckungstitel zur Herausgabe von Personen und zur Regelung des Umgangs wird ein Ordnungsgeld (von bis zu 25.000,00 Euro) festgesetzt (ersatzweise Ordnungshaft). Es erfolgt grundsätzlich keine vorherige Androhung des Ordnungsmittels. Allerdings ist im Beschluss über die Anordnung (z. B. des Umgangs) auf die Folgen einer Zuwiderhandlung gegen den Vollstreckungstitel hinzuweisen, vgl. § 89 Abs. 2 FamFG).

Die Festsetzung und Vollstreckung der Ordnungsmittel erfolgen auch dann, wenn die zu vollstreckende Handlung wegen Zeitablaufs nicht mehr vorgenommen werden kann.

17.3

Sind Ordnungsmittel erfolglos geblieben oder versprechen sie keinen Erfolg bzw. ist die alsbaldige Vollstreckung der Entscheidung unbedingt geboten, kommt unmittelbarer Zwang zur Anwendung. Jedoch untersagt das Gesetz unmittelbaren Zwang gegen ein Kind zum Zwecke der Ausübung des Umgangs, § 90 Abs. 2 S. 1 FamFG. Im Übrigen kommt unmittelbarer Zwang gegen ein Kind nur in Betracht, falls Zwangsmaßnahmen überhaupt unter Berücksichtigung des Kindeswohls gerechtfertigt und mildere Mittel nicht gegeben sind, § 90 Abs. 2 S. 2 FamFG.

17.4

Das Jugendamt leistet dem Gericht in geeigneten Fällen bei der Vollstreckung Unterstützung, § 88 Abs. 2 FamFG.

II. Verfahrensbeistand – Anwalt des Kindes

1. Einleitung und Überblick

Die Forderungen nach einem eigenen Interessenvertreter für das minderjährige Kind reichen in Deutschland bis in die frühen 1980er Jahre zurück. Erst viele Jahre später wurde mit der Kindschaftsrechtsreform (1997/1998) diese Interessenvertretung als „Verfahrenspflegschaft" für minderjährige Kinder im Einzelnen gesetzlich geregelt. Durch das am 01.09.2009 in Kraft getretene Gesetz zur Reform des Verfahrens in Familiensachen und in den Angelegenheiten der freiwilligen Gerichtsbarkeit (FamFG) wurde die Verfahrenspflegschaft reformiert. Seitdem heißt der bisherige „Verfahrenspfleger" für minderjährige Kinder „Verfahrensbeistand" (§ 158 FamFG a. F.) – häufig auch als „Anwalt des Kindes" bezeichnet.

Im Rahmen des Gesetzes zur Bekämpfung sexualisierter Gewalt gegen Kinder (2021) wurde die Bestimmung über den Verfahrensbeistand erneut grundlegend aktualisiert, neu strukturiert und erweitert. Infolge dieser Reform wurde die bisherige Regelung, § 158 FamFG a. F., insgesamt neu gegliedert und inhaltlich auf mehrere Bestimmungen – §§ 158–158c FamFG – verteilt (Bestellung des Verfahrensbeistands, fachliche und persönliche Eignung, Aufgaben und Rechtsstellung, Vergütung und Aufwendungsersatz sowie klarstellende Kostenregelung).

Auslegungsmaßstab und Verständnishintergrund für die Regelungen über die Verfahrensbeistandschaft ist das Europäische Übereinkommen über die Ausübung von Kinderrechten v. 25.01.1996 (von der Bundesrepublik Deutschland im Jahre 2002 ratifiziert und im gleichen Jahr in Deutschland in Kraft getreten). Durch die mit dem Übereinkommen beabsichtigte Stärkung der Rechte minderjähriger Kinder und die Konkretisierung der Ausübung der Kinderrechte erlangte der Verfahrensbeistand eine herausragende Bedeutung in Kindschaftsverfahren.

Das Europäische Übereinkommen – das i. Ü. unter Bezug auf Art. 4 des Übereinkommens der Vereinten Nationen über die Rechte des Kindes die dort anerkannten Rechte ausdrücklich verwirklichen will – verfolgt in dem hier interessierenden Sachzusammenhang das erklärte Ziel, „zum Wohl von Kindern deren Rechte zu fördern, ihnen prozessuale Rechte zu gewähren und die Ausübung dieser Rechte zu erleichtern, indem sichergestellt wird, dass Kindern selbst oder mit Hilfe anderer Personen oder Stellen in Kinder berührenden Verfahren vor einer Justizbehörde Auskunft erteilt und die Teilnahme gestattet wird", Art. 1 Nr. 2 Europäisches Übereinkommen.

Unter „Kinder berührende Verfahren vor einer Justizbehörde" sind insbesondere familienrechtliche Verfahren zu verstehen, Art. 1 Nr. 3 Europäisches

Übereinkommen. Hauptanwendungsfall für die notwendige Bestellung einer besonderen Vertretung für das Kind sieht das Übereinkommen bei den genannten Verfahren in einem Interessenkonflikt zwischen Eltern und Kind, Art. 9 Europäisches Übereinkommen. Die Aufgabe dieses (von der Justizbehörde bestellten) Vertreters – Art. 9 Europäisches Übereinkommen – besteht darin, „dem Kind (…) alle sachdienlichen Auskünfte zu erteilen", ihm „Erläuterungen zu den möglichen Folgen einer Berücksichtigung seiner Meinung und zu den möglichen Folgen einer Handlung des Vertreters zu geben" sowie darüber hinaus „die Meinung des Kindes festzustellen und der Justizbehörde diese Meinung vorzutragen", Art. 10 Nr. 1 Europäisches Übereinkommen.

2. Die Bestellung des Verfahrensbeistands

2.1

Gem. § 158 Abs. 1 S. 1 FamFG sieht das Gesetz einen Verfahrensbeistand für das minderjährige Kind in Kindschaftssachen vor, die die Person des Kindes betreffen. Weiterhin kommt die Bestellung eines Verfahrensbeistands nur in Betracht, soweit dies zur Wahrnehmung der Interessen des Kindes erforderlich ist.

§ 158 FamFG
Bestellung des Verfahrensbeistands

(1) Das Gericht hat dem minderjährigen Kind in Kindschaftssachen, die seine Person betreffen, einen fachlich und persönlich geeigneten Verfahrensbeistand zu bestellen, soweit dies zur Wahrnehmung der Interessen des Kindes erforderlich ist. Der Verfahrensbeistand ist so früh wie möglich zu bestellen.

(2) Die Bestellung ist stets erforderlich, wenn eine der folgenden Entscheidungen in Betracht kommt:

1. die teilweise oder vollständige Entziehung der Personensorge nach den §§ 1666 und 1666a des Bürgerlichen Gesetzbuchs,
2. der Ausschluss des Umgangsrechts nach § 1684 des Bürgerlichen Gesetzbuchs oder
3. eine Verbleibensanordnung nach § 1632 Absatz 4 oder § 1682 des Bürgerlichen Gesetzbuchs.

(3) Die Bestellung ist in der Regel erforderlich, wenn

1. das Interesse des Kindes zu dem seiner gesetzlichen Vertreter in erheblichem Gegensatz steht,
2. eine Trennung des Kindes von der Person erfolgen soll, in deren Obhut es sich befindet,
3. Verfahren die Herausgabe des Kindes zum Gegenstand haben oder
4. eine wesentliche Beschränkung des Umgangsrechts in Betracht kommt.

Sieht das Gericht in den genannten Fällen von der Bestellung eines Verfahrensbeistands ab, ist dies in der Endentscheidung zu begründen.

(4) Die Bestellung endet mit der Aufhebung der Bestellung, mit Rechtskraft der das Verfahren abschließenden Entscheidung oder mit dem sonstigen Abschluss des Verfahrens. Das Gericht hebt die Bestellung auf, wenn

1. der Verfahrensbeistand dies beantragt und einer Entlassung keine erheblichen Gründe entgegenstehen oder
2. die Fortführung des Amtes die Interessen des Kindes gefährden würde.

(5) Die Bestellung eines Verfahrensbeistands oder deren Aufhebung sowie die Ablehnung einer derartigen Maßnahme sind nicht selbständig anfechtbar.

Bei den Kindschaftssachen handelt es sich gem. § 151 FamFG um Verfahren über

- die elterliche Sorge,
- das Umgangsrecht und das Recht auf Auskunft über die persönlichen Verhältnisse des Kindes,
- die Kindesherausgabe,
- die Vormundschaft,
- die Pflegschaft oder die gerichtliche Bestellung eines sonstigen Vertreters für einen Minderjährigen oder für eine Leibesfrucht,
- die Genehmigung von freiheitsentziehender Unterbringung und freiheitsentziehenden Maßnahmen nach § 1631b des Bürgerlichen Gesetzbuchs, auch in Verbindung mit § 1795 Abs. 1 S. 3 und § 1813 Abs. 1 des Bürgerlichen Gesetzbuchs,
- die Genehmigung oder Anordnung einer freiheitsentziehenden Unterbringung, freiheitsentziehenden Maßnahme oder ärztlichen Zwangsmaßnahme bei einem Minderjähren nach den Landesgesetzen über die Unterbringung psychisch Kranker oder
- die Aufgaben nach dem Jugendgerichtsgesetz.

Verfahren, die die Person des Kindes betreffen, sind nicht nur solche über die elterliche Sorge oder die Personensorge, sondern alle sonstigen Kindschaftssachen, die sich auf die Person des Kindes bzgl. Lebensführung und Lebensstellung beziehen und nicht ausschließlich vermögensrechtlicher Art sind (vgl. Dutta/Jacoby/Schwab/Lack in § 160 RN 8 sowie in § 158 RN 3).

Geht es im Verfahren einer Kindschaftssache ausschließlich um das Vermögen des Kindes, scheidet die Bestellung eines Verfahrensbeistands aus. Ist das Vermögen in einem die Person des Kindes betreffenden Verfahren dagegen auch betroffen, ist zu prüfen, ob insbesondere die Wahrnehmung der die Person des Kindes betreffenden Interessen seine Bestellung notwendig macht.

2.2

Allerdings kommt die Bestellung eines Verfahrensbeistands nur in Betracht, „soweit dies zur Wahrnehmung der Interessen des Kindes erforderlich ist“: Mit dieser Einschränkung ist – ungeachtet der beabsichtigten Stärkung der Rechte des Kindes – klargestellt, dass keineswegs in sämtlichen die Person eines Kindes betreffenden Verfahren ein Verfahrensbeistand als notwendig angesehen wird, z. B. etwa in jedem Sorgerechtsverfahren. Vielmehr ist aufgrund aller Umstände des Einzelfalls abzuwägen, ob das Erfordernis einer selbständigen Interessenvertretung besteht. Damit ist dem Gericht eine konkrete Einzelfallprüfung auferlegt.

Das Bundesverfassungsgericht hält eine eigenständige Interessenvertretung des Kindes nach der Verfassung für geboten, wenn das verfassungsrechtlich verankerte Kindeswohl eine verfahrensrechtliche Absicherung erfordert (BVerfG, Beschluss v. 29.10.1998 – 2 BvR 1206/98 –, juris RN 59 ff.) Wirke sich die gerichtliche Entscheidung eines Konflikts zwischen Eltern auf die Zukunft des Kindes aus, so müsse sie auf das Wohl des Kindes ausgerichtet sein und das Kind als Grundrechtsträger berücksichtigen. Die sich aus der Verfassung ergebenden Schutzpflichten forderten für das gerichtliche Verfahren nicht nur materiellrechtliche, sondern auch verfahrensrechtliche Vorkehrungen, die eine hinreichende Berücksichtigung der grundrechtlichen Stellung des betroffenen Kindes garantieren (ebd. RN 60).

Konkret: Stellt z. B. ein (getrenntlebender) Elternteil gem. § 1671 Abs. 1 BGB für ein gemeinschaftliches (über 14 Jahre altes) Kind einen Antrag auf Alleinsorge, dem das Kind nicht widerspricht und dem der andere Elternteil zustimmt, wird in der Regel die Bestellung eines Verfahrensbeistands entbehrlich sein, da das Gericht an den übereinstimmenden Willen der Eltern ohne Sachprüfung und Kindeswohlprüfung gebunden ist. Andererseits ist die Bestellung eines Verfahrensbeistands unabweisbar erforderlich, wenn bei gleicher Fallgestaltung das (über 14 Jahre alte) Kind dem Antrag auf Alleinsorge trotz der Zustimmung des anderen Elternteils widerspricht: In diesem Fall ist das Familiengericht nämlich gehalten zu prüfen, ob die Aufhebung der gemeinsamen Sorge und darüber hinaus die Übertragung der Alleinsorge auf den Antragsteller dem Kindeswohl am besten entspricht. Schließlich ist die Bestellung eines Verfahrensbeistands wiederum auch dann erforderlich, wenn bei gleicher Sachlage ein (noch nicht 14 Jahre altes) Kind Vorbehalte gegen eine alleinige Sorgerechtsübertragung äußert oder gar einer solchen Regelung „widerspricht“. Bei der vorzunehmenden Abwägung der Interessen des Kindes und der Eltern sind nämlich nach der Rechtsprechung des Bundesverfassungsgerichtes die Interessen des Kindes vorrangig und deshalb bei der Kindeswohlprüfung stets hervorzuheben. Um diese Interessen sachgerecht zu ermitteln, bedarf es fraglos der Bestellung eines Verfahrensbeistands.

Eine eigene Interessenvertretung des Kindes ist wiederum dann nicht geboten, wenn es um eine Entscheidung von geringer Tragweite geht oder wenn abzusehen ist, dass gesetzlich vorgesehene Verfahrensgarantien wie die (gerichtliche)

Anhörung des Kindes bzw. die Stellungnahme des Jugendamtes als ausreichend anzusehen sind, um die Interessen des Kindes im Verfahren umfassend zur Geltung zu bringen: Dies ergibt sich zwar nicht unmittelbar aus dem Wortlaut des § 158 FamFG, folgt letztlich aber zweifelsohne aus dem Gesamtverständnis der Vorschrift. Das Gesetz hebt nämlich bei den Regelbeispielen einer (erforderlichen) Bestellung die Bedeutung bestimmter Kindschaftsverfahren hervor. So wird die Bestellung bei Verfahren über die Entziehung der Personensorge wegen Kindeswohlgefährdung, den Ausschluss des Umgangsrechts oder eine Verbleibensanordnung (§ 158 Abs. 2 FamFG – hierzu im Einzelnen später) für „stets" erforderlich gehalten. „In der Regel" wird eine Bestellung für erforderlich angesehen bei „erheblichem" Interessengegensatz zwischen Eltern und Kind, Trennung von der Obhutsperson bzw. Herausgabe des Kindes bzw. „wesentlicher" Beschränkung des Umgangsrechts (§ 158 Abs. 3 FamFG). Alle genannten Verfahren haben für das betroffene Kind eine herausragende Bedeutung und enorme Auswirkung auf sein Leben, weshalb hier eine eigene Interessenvertretung für „stets" oder „in der Regel" für erforderlich angesehen wird.

Im Umkehrschluss lässt sich hieraus aber zugleich folgern, dass nach dem gesetzgeberischen Willen bei Verfahren von geringer Tragweite keine zwingende Notwendigkeit für die Bestellung eines Verfahrensbeistands gesehen wird. Für diese Auffassung spricht letztlich auch die Regelung des § 158 Abs. 3 S. 2 FamFG, nach der ein Begründungszwang nur besteht, wenn das Familiengericht bei den Regeltatbeständen des § 158 Abs. 3 Nr. 1–4 FamFG von der Bestellung eines Verfahrensbeistands absieht. Allerdings verbleibt es prinzipiell bei dem Grundsatz der Einzelfallprüfung für die Erforderlichkeit einer Bestellung (§ 158 Abs. 1 FamFG).

2.3

Als Verfahrensbeistand kommt nach dem Gesetz nur eine „fachlich und persönlich geeignete Person" in Betracht. Mit der Reform durch das Gesetz zur Bekämpfung sexualisierter Gewalt gegen Kinder (2021) wurden die Voraussetzungen, unter denen eine Person für die Aufgaben als Verfahrensbeistand fachlich und persönlich als geeignet anzusehen ist, umfassend in einer eigenen Bestimmung, § 158a FamFG, völlig neu geregelt (hierzu im Einzelnen Kap. II, 5).

2.4

Gemäß § 158 Abs. 1 S. 2 FamFG hat die Bestellung des Verfahrensbeistands durch das Gericht so früh wie möglich zu erfolgen. Dabei ist unumstritten, dass das Gericht zunächst sog. Anfangsermittlungen zur Erforderlichkeit der Bestellung vornimmt. Die Dauer der Anfangsermittlungen darf dabei allerdings nicht im Gegensatz zur gesetzlichen Pflicht der frühzeitigen Bestellung stehen. In diesem

Zusammenhang hat das Bundesverfassungsgericht darauf hingewiesen, dass ein verspätet bestellter Verfahrensbeistand nicht seiner Aufgabe im Verfahren gerecht werden kann. Deshalb habe die Bestellung zu einem Zeitpunkt zu erfolgen, zu dem die Einflussnahme des Verfahrensbeistands auf die Gestaltung und den Ausgang des Verfahrens möglich ist (so ausdrücklich: BVerfG, Beschluss v. 26.08.1999 – 1 BvR 1403/99 –, juris RN 26).

3. Die Regelbeispiele für eine Bestellung

Mit der Reform der Verfahrensbeistandschaft (2021) wurden weiterhin die gesetzlichen Regelbeispiele insgesamt neu geordnet. Für einzelne Regelbeispiele gilt nun eine Pflicht zur Bestellung, bei weiteren Regelbeispielen ist „in der Regel“ eine Bestellung erforderlich.

3.1

§ 158 Abs. 2 FamFG spricht die Verfahren an, in denen stets ein Verfahrensbeistand zur Wahrnehmung der Interessen des Kindes für erforderlich gehalten wird. Bei diesen sog. grundrechtsrelevanten Verfahren soll die obligatorische Bestellung sicherstellen, „dass die Bestellung (…) nicht versehentlich unterbleibt“ (BR-Drucks. 634/20, S. 58).

§ 158 Abs. 3 FamFG benennt hingegen die Verfahren, bei denen in der Regel eine Bestellung für erforderlich angesehen wird. Diese Kindschaftsverfahren sind zwar nicht so bedeutsam wie die in § 158 Abs. 2 FamFG erwähnten grundrechtsrelevanten Verfahren; dennoch sind sie immerhin so wichtig, dass das Gesetz hier „regelmäßig“ die Bestellung eines Verfahrensbeistands vorsieht und das Gericht für den Fall, dass es von der Bestellung absieht, dies in seiner Endentscheidung zu begründen hat, § 158 Abs. 3 S. 2 FamFG. Diese „Begründungspflicht“ soll „zu einer konsequenteren Anwendung der Norm beitragen“ (BR-Drucks. ebd.).

3.2

Im Einzelnen: Gem. § 158 Abs. 2 Nr. 1 FamFG ist die Bestellung eines Verfahrensbeistands stets erforderlich, wenn im einem Verfahren nach §§ 1666, 1666a BGB (Kindeswohlgefährdung) die teilweise oder vollständige Entziehung der Personensorge „in Betracht kommt“. Nach der gesetzlichen Formulierung reicht bereits der mögliche bzw. bloß in Erwägung zu ziehende (auch nur teilweise) Entzug der Personensorge aus, um die Erforderlichkeit der Bestellung eines Verfahrensbeistands zu bejahen. Hintergrund der Regelung ist der Umstand, dass Verfahren wegen Kindeswohlgefährdung einerseits zu schwerwiegenden Eingriffen in das Elternrecht führen (können), andererseits aber auch für das Kind von erheblicher Auswirkung für sein persönliches Schicksal sind. Zudem stehen bei diesen Verfahren häufig schwerpunktmäßig die Erziehungsdefizite der Eltern bzw. ihr gesamtes erzieherisches Verhalten zur Diskussion. Dabei kann das Kind leicht in einen Loyalitätskonflikt geraten, und zwar insbesondere dann, wenn ein Fehlverhalten der Eltern oder eines Elternteils angesprochen werden muss. Hier wird das Kind sich regelmäßig gehindert sehen, seine eigenen Interessen offen zu formulieren und unmissverständlich zum Ausdruck zu bringen.

Ferner sieht das Gesetz gem. § 158 Abs. 2 Nr. 2 FamFG zwingend eine Verfahrensbeistandschaft vor, wenn ein Ausschluss des Umgangsrechts in Betracht kommt. Das in § 1684 BGB geregelte Umgangsrecht zwischen Eltern und Kind besteht unabhängig von der sorgerechtlichen Situation und ist verfassungsrechtlich geschützt. Nach der höchstrichterlichen Rechtsprechung ist der Eingriff in das Umgangsrecht eines Kindes – gleichviel, ob es den zeitweiligen oder den völligen Ausschluss des Umgangs betrifft – ein Eingriff in das grundrechtlich geschützte Verhältnis des Kindes zu dem vom Ausschluss betroffenen Elternteil. In solchen Fällen ist in der Regel von einem schweren Grundkonflikt bzw. hohem Streitpotenzial der Umgangsbeteiligten auszugehen, weshalb Kindeswohl und Schutz des Kindes dessen Unterstützung gebietet.

Beispiel: Katjas Eltern sind geschieden. Katja, 13 Jahre alt, wohnt bei der Mutter. Der Umgang zum Vater verläuft unregelmäßig und schleppend, obwohl der Vater sein prinzipielles Interesse an dem Umgang immer wieder erkennen lässt. Als die Umgangskontakte längere Zeit (aus unterschiedliche Gründen und widersprüchlichen elterlichen Aussagen) ganz ausfallen, versucht der Vater mit gerichtlicher Hilfe geregelte Umgangskontakte festzusetzen. Er beschuldigt seine geschiedene Frau, Katja gegen ihn zu beeinflussen und die Umgangskontakte zu hintertreiben. Katjas Mutter verweist auf das Desinteresse des Vaters, der die Umgangskontakte nur unzuverlässig wahrnehme und nicht mehr altersgerecht gestalte, weshalb ein Ausschluss des Umgangs eher dem wirklichen Interesse der Tochter entspreche („Lieber ein Ende mit Schrecken, als ein Schrecken ohne Ende"). Für das Umgangsverhalten des Vaters sei i. Ü. auch bezeichnend, dass er nicht einmal ansatzweise seiner Unterhaltsverpflichtung gegenüber der gemeinsamen Tochter nachkomme, was die Tochter sehr wohl bemerke und registriere.

Der (für eine Umgangsproblematik in der gerichtlichen Praxis) durchaus typische Beispielsfall zeigt, wie leicht sich Versuche des Durchsetzens jeweils eigener elterlicher Interessen gegenüber den berechtigten Belangen ihres gemeinsamen Kindes „verselbständigen" können, wobei das Kindeswohl von den Beteiligten allzu häufig (wenn auch nicht unbedingt absichtlich) ausgeblendet wird. Hier erweist sich die Bestellung eines Verfahrensbeistands als unverzichtbar, um den Blick (wieder) auf die Interessenlage des Kindes zu lenken.

Schließlich ist die Bestellung eines Verfahrensbeistands zwingend für Verfahren vorgesehen, in denen eine Verbleibensanordnung nach § 1632 Abs. 4 oder § 1682 BGB in Betracht kommt, § 158 Abs. 2 Nr. 3 FamFG:

a) § 1632 Abs. 4 BGB wurde durch das Kinder- und Jugendstärkungsgesetz (KJSG 2021) reformiert und um die Möglichkeit einer gerichtlichen Anordnung des „dauerhaften Verbleibs des Kindes bei der Pflegeperson“ erweitert. Während Satz 1 sich (wie bisher) mit der Verbleibensanordnung bzgl. des Kindes bei den Pflegeeltern befasst, „wenn und solange das Kindeswohl durch die Wegnahme gefährdet würde“, regelt Satz 2 den angeordneten „Verbleib (des Kindes) bei der Pflegeperson auf Dauer“, wenn sich die elterlichen Erziehungsverhältnisse innerhalb eines dem kindlichen Zeitempfinden entsprechenden Zeitraums trotz Unterstützungsmaßnahmen nicht nachhaltig verbessert haben, eine Verbesserung mit hoher Wahrscheinlichkeit auch zukünftig nicht zu erwarten ist und die Anordnung zum Wohl des Kindes geboten ist.

b) § 1682 BGB betrifft den angeordneten Verbleib des Kindes bei Bezugspersonen, wenn z. B. ein sorgeberechtigter Elternteil verstirbt und dem anderen Elternteil das Sorgerecht „zufällt“ und er das Kind (kindeswohlgefährdend) von dem Ehegatten/Lebenspartner des verstorbenen Elternteils wegnehmen will.

In beiden Fallgestaltungen geht es sowohl um die sorgerechtliche Einschränkung des Sorgeberechtigten, mit dem Kind zusammenleben zu können, wie auch um die Kontinuität des über längere Zeit gewachsenen Zusammenlebens des Kindes mit bestimmten Bezugspersonen: Während sich im ersten Fall eine Rückkehr des Kindes in den elterlichen Haushalt wegen der Erziehungsverhältnisse (bzw. Erziehungsdefizite) verbietet und dem Kind Sicherheit und Geborgenheit der Pflegefamilie verloren gehen würde, wäre im zweiten Fall der unvorhergesehene Wechsel des häuslichen Umfeldes mit einer Übersiedlung in eine dem Kind fremden Lebenswelt verbunden. Es liegt auf der Hand, dem Kind bei solch fundamentalen Fragen obligatorisch einen Verfahrensbeistand zur Seite zu stellen, um die Interessenlage des Kindes umfassend auszuloten.

3.3

Gem. § 158 Abs. 3 Nr. 1 FamFG ist die Bestellung eines Verfahrensbeistands in der Regel erforderlich, wenn das Interesse des Kindes zu dem seiner gesetzlichen Vertreter in erheblichem Gegensatz steht. Zu einem solchen Interessengegensatz kommt es insbesondere bei Trennung oder Scheidung im Zusammenhang mit Streitigkeiten über das Sorgerecht bzw. Umgangsrecht.

Beispiel: Die Eltern von Dominic, 12 Jahre, leben seit einiger Zeit dauerhaft getrennt. Dominic wohnt bei seiner Mutter. Sein Vater strebt die Scheidung an. Dominic hat ein gutes Verhältnis zu beiden Elternteilen. Seine Mutter möchte das Sorgerecht zukünftig allein ausüben, weil der Vater ihrer Meinung nach durch seinen Trennungswunsch gezeigt habe, dass er an der Familie kein Interesse mehr habe. Sie stellt bei Gericht einen entsprechenden Sorgerechtsantrag.

Dominic, der unter der Trennung leidet, seinen Vater jedoch trotz der entstandenen Situation nach wie vor sehr vermisst, möchte, dass es („wenigstens") bei der gemeinsamen Sorge bleibt. Der Vater ist hingegen an einer gemeinsamen Sorgerechtsausübung wegen der sich hieraus ergebenden ständigen Kontakte mit der Mutter nicht interessiert. Er stellt ebenfalls einen Antrag, ihm das alleinige Sorgerecht zu übertragen.

Besteht die Gefahr, dass das Interesse des Kindes wegen der Wahrnehmung eigener (in der Regel unterschiedlicher) Interessen der Eltern nicht hinreichend berücksichtigt wird, ist zweifelsohne ein erheblicher Interessengegensatz anzunehmen. Im Beispielsfall wird der Verfahrensbeistand das Kind (Dominic) – obwohl noch unter 14 Jahre alt – unterstützen, seinen Wunsch nach gemeinsamer Sorge deutlich zu machen, damit das Gericht die Möglichkeit der Aufrechterhaltung/Beibehaltung der gemeinsamen Sorge gem. § 1671 Abs. 1 Satz 2 Nr. 2 BGB (sog. doppelte Kindeswohlprüfung) im Einzelnen näher untersucht.

Für die Erforderlichkeit einer eigenen Interessenvertretung bei Interessenkonflikten zwischen Eltern und Kind spricht daher in der Regel die aus konkreten Einzelumständen abzuleitende Gefahr, dass die Eltern oder gesetzlichen Vertreter des Kindes wegen der Verfolgung eigener Interessen die berechtigten Interessen des Kindes nicht mehr hinreichend wahrnehmen und die Bedeutung des Verfahrens für das Kind einer solchen Vertretung bedarf (siehe hierzu ausführlich BVerfG, Beschluss v. 29.10.1998 – 2 BvR 1206/98 –, juris Leitsatz 3., Orientierungssatz 5b., RN 57 ff. im Fall einer gegenläufigen Kindesentführung).

Inwieweit ein Widerstreit der Interessen des Kindes mit den Interessen nur eines Elternteils als ausreichend für die Bestellung anzusehen ist, wenn die Interessen des Kindes sich mit den Interessen des anderen Elternteils decken, ist letztlich eine Frage des Einzelfalls. Auch in einem solchen Fall dürfte die Bestellung eines Verfahrensbeistands naheliegen, da die Intention des Gesetzgebers darin besteht, bei Interessenkonflikten das Kind grundsätzlich mit einer Verfahrensbeistandschaft zu stärken.

Nach § 158 Abs. 3 Nr. 2 FamFG ist die Bestellung eines Verfahrensbeistands ferner für den Fall vorgesehen, dass eine Trennung des Kindes von der Person erfolgen soll, in deren Obhut es sich befindet. Gemeint ist hier die Trennung von der sog. „Obhutsperson", also von der Person, bei der das Kind sich tatsächlich aufhält. Nebensächlich ist in diesem Zusammenhang, wer die Trennung des Kindes von der Obhutsperson anstrebt. Allein entscheidend ist, dass das Kind durch die Änderung seines tatsächlichen Aufenthalts die unmittelbare Zuwendung einer Person verliert und für diesen Fall hinreichend vertreten wird.

In Verfahren, die die Herausgabe des Kindes zum Gegenstand haben, vgl. § 158 Abs. 3 Nr. 3 FamFG, ist im Regelfall ebenfalls ein Verfahrensbeistand zu bestellen. Die Herausgabeverpflichtung kann sich gegen jede Person richten, die die Herausgabe verweigert bzw. die das Kind den Eltern bzw. dem (alleinsorgeberechtigten) Elternteil vorenthält. In Betracht kommen hier sowohl umgangsberechtigte (aber nicht sorgeberechtigte) Elternteile wie auch dritte Personen (Großeltern). Gemeint sind auch solche Verfahren, in denen der Aufenthaltswechsel des Kindes von einem Elternteil zum anderen Elternteil strittig ist. In diesen Verfahren sind in aller Regel erhebliche Interessenkonflikte des Kindes zu seinen Eltern wie insbesondere auch der Eltern untereinander anzunehmen, weshalb eine Verfahrensbeistandschaft unumgänglich ist.

Schließlich sieht das Gesetz eine Verfahrensbeistandschaft gem. § 158 Abs. 3 Nr. 4 FamFG vor, wenn eine wesentliche Beschränkung des Umgangsrechtes in Betracht kommt. Nach der höchstrichterlichen Rechtsprechung ist der Eingriff in das Umgangsrecht eines Kindes – gleichviel, ob es den zeitweiligen oder den völligen Ausschluss des Umgangs betrifft – ein Eingriff in das grundrechtlich geschützte Verhältnis des Kindes zu dem vom Ausschluss betroffenen Elternteil. In solchen Fällen ist in der Regel von einem schweren Grundkonflikt bzw. hohem Streitpotenzial der Umgangsbeteiligten auszugehen, weshalb der Schutz des Kindes dessen Unterstützung gebietet.

Wie bereits an anderer Stelle erwähnt, ist auch bei diesen Verfahren, in denen eine Bestellung („nur“) in der Regel für erforderlich erachtet wird (158 Abs. 3 FamFG), ein Verfahrensbeistand für den Gesetzgeber von so großer Bedeutung, dass das Gericht – wenn es in den genannten Fällen von der Bestellung eines Verfahrensbeistands absieht – dies in seiner Endentscheidung zu begründen hat (158 Abs. 3 S. 2 FamFG).

4. Weitere Einzelheiten zur Bestellung des Verfahrensbeistands

4.1

Die Verfahrensbeistandschaft endet

- mit der Aufhebung der Bestellung,
- mit Rechtskraft der das Verfahren abschließenden Entscheidung oder
- mit dem sonstigen Abschluss des Verfahrens, § 158 Abs. 4 S. 1 FamFG.

Mit der Neuregelung durch die Reform (2021) ist nunmehr gesetzlich festgelegt, unter welchen Voraussetzungen die Aufhebung einer Bestellung in Betracht kommt, § 158 Abs. 4 S. 2 FamFG. Sofern der Verfahrensbeistand dies selbst beantragt, dürfen seiner Entlassung jedoch keine erheblichen Gründe entgegenstehen, wie etwa die Aufgabe des Amtes „zur Unzeit“, also z. B. kurz vor Verfahrensabschluss. Darüber hinaus kommt eine Aufhebung von Amts wegen in Betracht, wenn die Interessen des Kindes dies gebieten: So hat das Gericht die Aufhebung z. B. insbesondere dann in Betracht zu ziehen, wenn der Verfahrensbeistand objektiv an seiner Tätigkeit gehindert ist (Krankheit) oder er sich als unzuverlässig erweist bzw. „seine Aufgaben in einer die Kindesinteressen offenkundig und erheblich verkennenden oder missachtenden Weise wahrnimmt" (BR-Drucks. 634/20 S. 58).

Darüber hinaus endet die Bestellung mit Rechtskraft der das Verfahren abschließenden Entscheidung. Gemeint ist hier die sog. formelle Rechtskraft. Diese ist dann gegeben, wenn die gerichtliche Entscheidung nicht mehr mit einem Rechtsmittel angefochten werden kann (z. B. Fristablauf oder Ende des Instanzenzuges). Schließlich endet die Bestellung auch bei einem „sonstigen" Abschluss des Verfahrens, wozu z. B. der Verfahrensabschluss durch Antragsrücknahme gehört.

4.2

Soweit ein Verfahrensbeistand bestellt wird, eine Aufhebung der Bestellung erfolgt oder eine Ablehnung der Bestellung, sind diese Entscheidungen des Gerichts nicht selbständig anfechtbar, § 158 Abs. 5 FamFG. Die Anfechtung dieser Entscheidungen ist damit unzulässig.

Der Gesetzgeber hat sich insbesondere mit der Frage der Anfechtbarkeit der Bestellung eines Verfahrensbeistands (z. B. durch das Kind oder den Jugendlichen) befasst und sich bewusst gegen eine Anfechtbarkeit entschieden. Seiner Auffassung zufolge würde ein etwaiges Ablehnungsrecht das Kindschaftsverfahren verzögern und sich damit kindeswohlschädlich auswirken (BT-Drucks. 19/27928, S. 21). Zudem könnte ein Ablehnungsrecht einen Anreiz zu einer Instrumentalisierung des Kindes durch einen Elternteil bieten, sodass die Gefahr bestehe, dass ein Kind den Verfahrensbeistand trotz guter Aufgabenwahrnehmung aufgrund gezielter Manipulationen durch einen Elternteil ablehnen und das Verfahren ohne Grund verzögern könnte (ebd. S. 22). Die mangelnde Anfechtungsmöglichkeit betrifft jedoch lediglich die isolierte Anfechtbarkeit der entsprechenden Entscheidung: Gleichwohl kann gegen eine Endentscheidung des Gerichts Rechtsmittel mit der Begründung eingelegt werden, dass die Bestellung, deren Aufhebung oder deren Ablehnung als solche unrechtmäßig war und nicht dem Gesetz entsprochen hat.

5. Die Eignung des Verfahrensbeistands

Bis zur Reform der Verfahrensbeistandschaft (2021) enthielt das Gesetz keine konkreten Qualifikationsanforderungen für die Person des Verfahrensbeistands. Bei der Einführung der Verfahrenspflegschaft (1997/1998) sah das Gesetz keinerlei persönliche oder fachliche Qualifikation für den Verfahrenspfleger vor. Nach der damaligen Gesetzesbegründung wurde sogar die Bestellung „engagierter Laien" (…) „etwa auch Verwandte" als selbständige Interessenvertreter des Kindes in Betracht gezogen (BT-Drucks. 13/4899, S. 130). Nach der bis zur Reform (2021) geltenden Regelung (§ 158 FamFG a. F.), war ein „geeigneter" Verfahrensbeistand zu bestellen, wozu es in der entsprechenden Gesetzesbegründung heißt, dass das Gericht „nur eine Person zum Verfahrensbeistand bestimmen soll, die persönlich und fachlich geeignet ist, das Interesse des Kindes festzustellen und sachgerecht in das Verfahren einzubringen" (BT-Drucks. 16/6308, S. 238).

5.1

In dem Gesetzgebungsverfahren, das zur Reform (2021) der Verfahrensbeistandschaft führte, waren die Kriterien zur fachlichen und persönlichen Eignung umstritten und führten erst gegen Ende der Beratungen zu einem für alle Beteiligten befriedigenden Ergebnis (BT-Drucks. 19/27928, S. 29,30).

§ 158a FamFG

Eignung des Verfahrensbeistands

(1) Fachlich geeignet im Sinne des § 158 Absatz 1 ist eine Person, die Grundkenntnisse auf den Gebieten des Familienrechts, insbesondere des Kindschaftsrechts, des Verfahrensrechts in Kindschaftssachen und des Kinder- und Jugendhilferechts, sowie Kenntnisse der Entwicklungspsychologie des Kindes hat und über kindgerechte Gesprächstechniken verfügt. Die nach Satz 1 erforderlichen Kenntnisse und Fähigkeiten sind auf Verlangen des Gerichts nachzuweisen. Der Nachweis kann insbesondere über eine sozialpädagogische, pädagogische, juristische oder psychologische Berufsqualifikation sowie eine für die Tätigkeit als Verfahrensbeistand spezifische Zusatzqualifikation erbracht werden. Der Verfahrensbeistand hat sich regelmäßig, mindestens alle zwei Jahre, fortzubilden und dies dem Gericht auf Verlangen nachzuweisen.

(2) Persönlich geeignet im Sinne des § 158 Absatz 1 ist eine Person, die Gewähr bietet, die Interessen des Kindes gewissenhaft, unvoreingenommen und unabhängig wahrzunehmen. Persönlich ungeeignet ist eine Person insbesondere dann, wenn sie rechtskräftig wegen einer Straftat nach den §§ 171, 174 bis 174c, 176 bis 178, 180, 180a, 181a, 182 bis 184c, 184e bis 184g, 184i bis 184l, 201a Absatz 3, den §§ 225, 232 bis 233a, 234, 235 oder § 236 des Strafgesetzbuchs verurteilt worden ist. Zur Überprüfung der Voraussetzungen des Satzes 2 soll sich das Gericht ein erweitertes Führungszeugnis von der betreffenden Person (§ 30a des Bundeszentralregistergesetzes) vorlegen lassen oder im Einverständnis mit der betreffenden Person anderweitig Einsicht in ein bereits vorliegendes erweitertes Führungszeugnis nehmen. Ein solches darf nicht älter als drei Jahre sein. Aktenkundig zu machen sind nur die Einsichtnahme in das erweiterte Führungszeugnis des bestellten Verfahrensbeistands, das Ausstellungsdatum sowie die Feststellung, dass das erweiterte Führungszeugnis keine Eintragung über eine rechtskräftige Verurteilung wegen einer in Satz 2 genannten Straftat enthält.

Für die fachliche Eignung als Verfahrensbeistand fordert das Gesetz (§ 158a Abs. 1 FamFG) rechtliche Grundkenntnisse im Familienrecht, Kindschaftsrecht, Verfahrensrecht in Kindschaftssachen sowie Kinder- und Jugendhilferecht. Dabei sollen die rechtlichen Anforderungen an seine Qualifikation sicherstellen, dass der Verfahrensbeistand

- den Verfahrensgegenstand mitsamt rechtlicher Einschätzung angemessen einordnen,
- das Kind über Gegenstand, Ablauf und möglichen Ausgang des Verfahrens informieren und das Kind interessengerecht vertreten sowie
- über die Einlegung eines Rechtsmittels sachgerecht entscheiden kann (BR-Drucks. 634/20, S. 60).

Die weiterhin verlangten psychologischen/pädagogischen Kenntnisse/Fähigkeiten über die Entwicklungspsychologie des Kindes und die kindgerechten Gesprächstechniken sollen gewährleisten, dass der Verfahrensbeistand „in der Lage ist, in einer dem Alter des Kindes entsprechenden Weise die persönliche Sicht des Kindes, seine Wünsche, Bindungen, Neigungen, Ängste zu erkennen, zu werten und entsprechend in das Verfahren einzubringen" (ebd.).

Sämtliche Qualifikationsmerkmale sind dem Gericht durch entsprechende berufliche Qualifikation bzw. Zusatzqualifikation nachzuweisen; ebenso ist die regelmäßige weitere Fortbildung auf den genannten Gebieten zu belegen. Zusammenfassend heißt es in der Gesetzesbegründung: „Die Regelung beruht auf der Erkenntnis der Praxis, dass die Erfüllung der Aufgaben des Verfahrensbeistands von einer Kombination aus juristischen, pädagogischen und psychologischen Kenntnissen und Fähigkeiten abhängig ist. Daraus folgt, dass die im Wege einer klassischen Berufsbildung in einem dieser drei Bereiche erworbenen Qualifikationen regelmäßig eine wichtige, aber allein nicht ausreichende fachliche Grundlage darstellt, um das gesamte Spektrum der an den Verfahrensbeistand zu stellenden Anforderungen abzudecken. Die Grundlage muss durch spezifische Zusatzqualifikationen in den Bereichen erweitert werden, die von der jeweiligen Berufsausbildung nicht abgedeckt sind" (ebd.).

Im Hinblick auf den Nachweis der Qualifikation heißt es u. a. weiter: „Dabei kann jedoch allein aus einer langjährigen Tätigkeit als Verfahrensbeistand nicht zwingend auf das Vorhandensein der Qualifikationsanforderungen geschlossen werden. Vielmehr muss zur Überzeugung des Gerichts feststehen, dass die Person die notwendigen Kenntnisse und Fähigkeiten erworben hat oder in anderer Weise über eine langjährige Erfahrung im Bereich der Kinder- und Jugendarbeit verfügt und diese nachweisen kann" (ebd.).

Mit der geforderten fachlichen Eignung kann es fraglos eher gelingen, für die betroffenen Kinder größere fachlich basierte kindgerechte Transparenz zu schaffen und hierdurch deren Ängste vor dem Verfahren, seinen Folgen und möglichen

Auswirkungen abzumildern. Darüber hinaus sollte der Verfahrensbeistand bei den geforderten Kenntnissen und Fähigkeiten auch eher in der Lage sein, die zentrale Aufgabe der Gesprächsführung mit den Eltern und Bezugspersonen zu erfüllen, insbesondere, um eine einvernehmliche Regelung „über den Verfahrensgegenstand" anzustreben (hierzu später). Dazu gehört wiederum, dass der Verfahrensbeistand (z. B. durch Mediationskenntnisse) die fachliche Eignung hat, im Umgang mit den Beteiligten das Konfliktpotenzial – das in solchen Verfahren ohnehin reichlich vorhanden ist – nicht noch weiter zu erhöhen, sondern vorzugsweise daran arbeitet, entsprechend dem wohlverstandenen Interesse des Kindes versucht, den Konflikt schnell und einvernehmlich zu lösen.

5.2

Hinsichtlich der persönlichen Eignung muss gem. § 158a Abs. 2 FamFG sichergestellt sein, dass der Verfahrensbeistand gewährleistet, die Interessen des Kindes „gewissenhaft, unvoreingenommen und unabhängig wahrzunehmen", § 158a Abs. 2 S. 1 FamFG. Nach der Gesetzesbegründung erschien dem Gesetzgeber die „nähere Regelung der persönlichen Voraussetzungen geeignet, das Vertrauen der Beteiligten und insbesondere auch des Kindes in die Person und Arbeit des Verfahrensbeistands zu erhöhen und den präventiven Kinderschutz zu verbessern" (BT-Drucks. 19/27928, S. 29). Mit den genannten persönlichen Eignungskriterien soll sichergestellt werden, dass der Verfahrensbeistand

- die ihm übertragenen Aufgaben zuverlässig, sorgfältig und zeitnah wahrnimmt,
- die Kindesinteressen mit einer allein auf das Kind ausgerichteten Interessenwahrnehmung im gerichtlichen Verfahren vertritt, unbeeinflusst von den Meinungen und Interessen der Kindeseltern, anderer Beteiligter und sonstiger Dritter,
- offen und möglichst unabhängig von vorgefassten Meinungen und Einstellungen die Interessen des Kindes ermittelt und unter Berücksichtigung des Kindeswohls vertritt (ebd.).

Nur bei Einhaltung dieser persönlichen Eignungskriterien könne sich das notwendige Vertrauensverhältnis zwischen Kind und Verfahrensbeistand entwickeln und das Kind zu ihm Vertrauen fassen, wenn er dem Kind im Hinblick auf soziale Stellung, Bildung, Geschlecht, sexuelle Orientierung, Religion oder Kultur offen und unvoreingenommen begegne (ebd.).

Ausgeschlossen von der Tätigkeit als Verfahrensbeistand sind Personen, die wegen einer Straftat der in § 158a Abs. 2 S. 2 FamFG genannten kinderschutzrelevanten Straftatbestände rechtskräftig verurteilt worden sind (vgl. hierzu im Einzelnen die Aufzählung der Straftatbestände in § 158a Abs. 2 S. 2 FamFG).

Um aus Gründen des Kinderschutzes abzusichern, dass von einem Verfahrensbeistand keine Gefahr für das Kind ausgeht, prüft das Gericht durch Einsicht in das erweiterte Führungszeugnis des zu bestellenden Verfahrensbeistands, ob entsprechende rechtskräftige Verurteilungen vorliegen. Weitere verfahrensrechtliche Einzelheiten hierzu ergeben sich aus dem – umfangreichen – Wortlaut des Gesetzes.

6. Die Aufgaben des Verfahrensbeistands und seine Rechtsstellung im Verfahren

Mit der Neuordnung der Verfahrensbeistandschaft (2021) wurden die Aufgaben und die Rechtsstellung des Verfahrensbeistands in einer eigenen – ergänzenden – Bestimmung (§ 158b FamFG) zusammengefasst.

§ 158b FamFG

(1) Der Verfahrensbeistand hat das Interesse des Kindes festzustellen und im gerichtlichen Verfahren zur Geltung zu bringen. Er soll zu diesem Zweck auch eine schriftliche Stellungnahme erstatten. Der Verfahrensbeistand hat das Kind über Gegenstand, Ablauf und möglichen Ausgang des Verfahrens in geeigneter Weise zu informieren. Endet das Verfahren durch eine Endentscheidung, soll der Verfahrensbeistand den gerichtlichen Beschluss mit dem Kind erörtern.

(2) Soweit erforderlich kann das Gericht dem Verfahrensbeistand die Aufgabe übertragen, Gespräche mit den Eltern und weiteren Bezugspersonen des Kindes zu führen sowie am Zustandekommen einer einvernehmlichen Regelung über den Verfahrensgegenstand mitzuwirken. Das Gericht hat Art und Umfang der Beauftragung konkret festzulegen und die Beauftragung zu begründen.

(3) Der Verfahrensbeistand wird durch seine Bestellung als Beteiligter zum Verfahren hinzugezogen. Er kann im Interesse des Kindes Rechtsmittel einlegen. Der Verfahrensbeistand ist nicht gesetzlicher Vertreter des Kindes.

6.1

Soweit es um die Feststellung des Interesses des Kindes geht, weist die Gesetzesbegründung ausdrücklich darauf hin, dass der Verfahrensbeistand dem Interesse des Kindes verpflichtet ist und nicht allein dem von diesem geäußerten Willen. Mithin hat der Verfahrensbeistand sowohl den Willen des Kindes zu ermitteln wie auch das Kindeswohl (als dessen objektives Interesse) bei seiner Aufgabenwahrnehmung zu berücksichtigen (vgl. BT-Drucks. 16/6308, S. 239). Damit ist die in der Literatur vielfach diskutierte Frage vom Gesetzgeber dahin entschieden worden, dass der Verfahrensbeistand sowohl dem Willen als auch dem Wohl des Kindes verpflichtet ist.

Beispiel: Ariane, 14 Jahre, lebt bei ihrer Mutter. Die Eltern sind geschieden. Die Eltern verstehen sich im Großen und Ganzen noch recht gut, sodass sie jedenfalls die gemeinsame Sorge problemlos weiterhin ausüben können. Ariane hat zu ihrem Vater ein gutes Verhältnis – bis dieser eine Frau kennen lernt. Als diese beim Vater einziehen möchte, lehnt Ariane weitere Besuchskontakte beim Vater ab. Dem Verfahrensbeistand erklärt sie: „Mein Vater hat genau zwei Möglichkeiten: Entweder die neue Frau oder mich“. Der Verfahrensbeistand erkennt die – anzunehmende – (kindliche) Eifersucht von Ariane. Er wird im gerichtlichen Verfahren sowohl die eindeutige Haltung von Ariane klar zum Ausdruck bringen, andererseits aber auch die zugrundeliegende Eifersucht problematisieren und nach Lösungsmöglichkeiten suchen.

6.2

Was die Informationspflichten des Verfahrensbeistands angeht, so haben diese das Ziel, dem Kind in dem Verfahren Ängste zu nehmen und ihm durch Information über Gegenstand, Ablauf und möglichen Ausgang des Verfahren zu verdeutlichen, dass es unbefangen seine eigenen Wünsche im Verfahren formulieren kann und soll, damit diese in die gerichtliche Entscheidung mit einfließen.

6.3

Die Stellungnahme des Verfahrensbeistands soll in der Regel schriftlich erfolgen, § 158b Abs. 1 S. 2 FamFG: Dies entspricht nicht nur weitgehender Gerichtspraxis, sondern fördert und sichert auch die Authentizität der Angaben des Verfahrensbeistands für das gesamte Verfahren mitsamt etwaigem Beschwerdeverfahren. Mündliche Stellungnahmen kommen daher nur im Ausnahmefall in Betracht, z. B. bei kurzfristigen Terminen. Soweit das Verfahren mit einer Endentscheidung (gerichtlichem Beschuss) abgeschlossen wird, hat der Verfahrensbeistand das Kind vom Ergebnis des Verfahrens in neutraler und kindgerechter Weise zu informieren, etwaige Fragen des Kindes zu beantworten und gesprächsweise mit dem Kind zu klären, ob in seinem Interesse ein Rechtsmittel eingelegt werden soll (BR-Drucks. 634/20 S. 61).

6.4

Im Hinblick auf die ausdrückliche gerichtliche Beauftragung des Verfahrensbeistands zur Gesprächsführung mit den Eltern und weiteren Bezugspersonen des Kindes, § 158b Abs. 2 FamFG, erscheint es wenig sinnvoll und auch nicht nachvollziehbar, dass ein Verfahrensbeistand für ein Kind tätig wird, ohne zuvor solche Gespräche mit den genannten Personen zu führen: Solche Gespräche sind grundsätzlich unabweisbar wichtig, ebenso wie die prinzipiell sinnvolle Suche nach einer einvernehmlichen Regelung, die schlichtweg immer dem wohlverstandenen Interesse des Kindes entspricht.

Überhaupt erscheint es geradezu praxisfremd und abwegig, mit dem zu vertretenden Kind Kontakt aufzunehmen, ohne zunächst ein Gespräch zumindest mit dem betreuenden Elternteil aufgenommen zu haben. Darüber hinaus runden gerade persönliche Gespräche mit Eltern und weiteren Bezugspersonen die konkrete Lebenssituation des Kindes ab und ermöglichen nur so eine verlässliche Einordnung des Verfahrensgegenstandes. Die Gespräche mit allen Beteiligten sind daher unabdingbare Voraussetzung, um das Interesse des Kindes, insbesondere jüngerer Kinder, ergründen und formulieren zu können. Folglich kann die ausdrückliche gerichtliche Beauftragung des Verfahrensbeistands zur Gesprächsführung mit den Eltern nur die Regel sein.

Ein Verfahrensbeistand, dem diese Sonderaufgabe nicht übertragen wird, wird nur mit 350,00 Euro vergütet, während ein Verfahrensbeistand mit den genannten Zusatzaufgaben eine Vergütung von 550,00 Euro erhält. Insgesamt gesehen erscheint in Anbetracht der beschriebenen Aufgaben des Verfahrensbeistands sowie der neu geregelten Voraussetzungen für die Wahrnehmung der Tätigkeit die Höhe der Vergütung (dringend!) evaluationsbedürftig.

6.5

Durch seine Bestellung wird der Verfahrensbeistand „Beteiligter“ des Verfahrens, § 158b Abs. 3 S. 1 FamFG. Dies bedeutet, dass er im weitesten Sinne im Verfahren mitwirkungsberechtigt und mitwirkungsverpflichtet ist. Konkret führt dies dazu, dass er als Beteiligter die Rechte des betroffenen Kindes wahrnimmt, ohne an dessen Weisungen gebunden zu sein. Zu seinen Aufgaben als Beteiligter gehört u. a., dass er einem sog. „gerichtlich gebilligten Vergleich“ in einem Umgangsregelungsvergleich nach § 156 Abs. 2 FamFG ausdrücklich zustimmen muss.

Er hat ferner das Recht, im Interesse des Kindes Rechtsmittel einzulegen, § 158b Abs. 3 S. 2 FamFG. Durch seine Bestellung wird er allerdings nicht zum gesetzlichen Vertreter des Kindes, § 158b Abs. 3 S. 3 FamFG. Letzterer Hinweis stellt klar, dass sich durch die Bestellung des Verfahrensbeistands an der Rechtsposition der Eltern nichts ändert: Der Verfahrensbeistand gibt damit weder Willenserklärungen für das Kind ab, noch nimmt er Willenserklärungen für das Kind entgegen (BT-Drucks. 16/6308 S. 240).

Andererseits sei ausdrücklich klargestellt, dass sich aus seiner gesetzlichen Aufgabenstellung und Funktion – ungeachtet der elterlichen Rechtsposition – die Pflicht der Eltern ableitet, die Kontaktaufnahme des Verfahrensbeistands zu ihrem Kind zu dulden und zu respektieren, ebenso wie sie gesetzlich gehalten sind, die gerichtliche Anhörung ihres Kindes in der vom Gericht für notwendig und angemessen angesehenen Form zu akzeptieren.

Nach der neueren Rechtsprechung des BVerfG ist der Verfahrensbeistand zur Einlegung einer Verfassungsbeschwerde als außerordentlichem Rechtsbehelf befugt (Dutta/Jacoby/Schwab/Lack in § 158 RN 2 m. w. N.). Das BVerfG führt hierzu aus: „Insbesondere ist die Beschwerdeführerin aufgrund ihrer Bestellung als Verfahrensbeiständin befugt, Verfassungsbeschwerde einzulegen und mit dieser – ausnahmsweise – fremde Rechte in eigenem Namen geltend zu machen (...)" (BVerfG, Beschluss v. 03.02.2017 – 1 BvR 2569/16 –, juris RN 35). In einem weiteren Verfahren stellte das BVerfG ausdrücklich fest: „Der Beschwerdeführer ist allerdings aufgrund seiner Bestellung als Verfahrensbeistand im fachgerichtlichen Kinderschutzverfahren befugt, Verfassungsbeschwerde einzulegen und mit dieser – ausnahmsweise – fremde Rechte in eigenem Namen geltend zu machen (...)" (BVerfG, Beschluss v. 30.04.2018 – 1 BvR 393/18 –, juris RN 4). Schließlich hat das BVerfG ausgeführt: „Das Bundesverfassungsgericht erkennt die Prozessstandschaft des Verfahrensbeistands im Interesse des Kindes im Verfahren der Verfassungsbeschwerde an, weil die Interessenlage und rechtliche Ausgestaltung derjenigen eines Verfahrenspflegers in betreuungsgerichtlichen Verfahren entspricht (...), für den ebenfalls die Prozessstandschaft im verfassungsgerichtlichen Verfahren anerkannt ist (..." (BVerfG, Beschluss v. 15.12.2020 – 1 BvR 1395/19 –, juris RN 24/28).

6.6

Grundsätzlich wird die Verfahrensbeistandschaft als solche in der Praxis von allen Beteiligten gut angenommen. Insbesondere die Eltern – erst recht die Kinder und Jugendlichen – sehen in der Bestellung eines Verfahrensbeistands eine allseitige Entlastung, die einen wichtigen Schritt zur Problembewältigung darstellt. Rechtlich nicht eindeutig beantwortet ist die Frage, wie gerichtlich vorzugehen ist, wenn Eltern/Elternteil Kontakte zum Verfahrensbeistand ablehnen bzw. die Kontakte des Kindes zum Verfahrensbeistand zu umgehen oder zu unterlaufen versuchen. Im letzteren Falle dürfte ein entsprechender Sorgerechtsentzug in Betracht zu ziehen sein, um Gesprächskontakte zwischen Kind und Verfahrensbeistand zu ermöglichen und sicher zu stellen.

7. Die Vergütung des Verfahrensbeistands, Regelungen über die Erstattung von Aufwendungen und die Kostentragung

Durch die Reform der Verfahrensbeistandschaft (2021) sind die bisherigen Regelungen über Vergütung, Aufwendungsersatz und Kosten inhaltlich nahezu unverändert übernommen, allerdings neu geordnet worden. Die Regelung ist in allen Kindschaftsverfahren anzuwenden, darüber hinaus auch dort, wo auf §§ 158 ff. FamFG Bezug genommen wird, vgl. §§ 174, 191 FamFG (Dutta/Jacoby/Schwab/Lack § 158c RN 3).

§ 158c FamFG

(1) Führt der Verfahrensbeistand die Verfahrensbeistandschaft berufsmäßig, erhält er für die Wahrnehmung seiner Aufgaben in jedem Rechtszug jeweils eine einmalige Vergütung von 350 Euro. Im Fall der Übertragung von Aufgaben nach § 158b Absatz 2 erhöht sich die Vergütung auf 550 Euro. Die Vergütung deckt auch Ansprüche auf Ersatz anlässlich der Verfahrensbeistandschaft entstandener Aufwendungen ab.
(2) Für den Ersatz von Aufwendungen des nicht berufsmäßigen Verfahrensbeistands ist § 277 Absatz 1 entsprechend anzuwenden.
(3) Der Aufwendungsersatz und die Vergütung sind stets aus der Staatskasse zu zahlen. § 292 Absatz 1 und 5 ist entsprechend anzuwenden.
(4) Dem Verfahrensbeistand sind keine Kosten aufzuerlegen.

7.1

Das Gesetz unterscheidet zwischen dem berufsmäßigen und dem nicht berufsmäßigen Verfahrensbeistand. Letzterer kann lediglich den Ersatz seiner Aufwendungen entsprechend § 277 Abs. 1 FamFG beanspruchen, § 158c Abs. 2 FamFG.

§ 277 FamFG
Vergütung und Aufwendungsersatz des Verfahrenspflegers

(1) Die Verfahrenspflegschaft wird unentgeltlich geführt. Der Verfahrenspfleger erhält Ersatz seiner Aufwendungen nach § 1877 Absatz 1 bis 2 und 4 Satz 1 des Bürgerlichen Gesetzbuchs. Vorschuss kann nicht verlangt werden.
(…)

§ 1877 BGB
Aufwendungsersatz

(1) Macht der Betreuer zur Führung der Betreuung Aufwendungen, so kann er nach den für den Auftrag geltenden Vorschriften der §§ 669 und 670 vom Betreuten Vorschuss oder Ersatz verlangen. Für den Ersatz von Fahrtkosten des Betreuers gilt die in § 5 des Justizvergütungs- und -entschädigungsgesetzes für Sachverständige getroffene Regelung entsprechend.
(2) Zu den Aufwendungen gehören auch die Kosten einer angemessenen Versicherung gegen Schäden, die
1. dem Betreuten durch den Betreuer zugefügt werden können oder
2. dem Betreuer dadurch entstehen können, dass er einem Dritten zum Ersatz eines durch die Führung der Betreuung verursachten Schadens verpflichtet ist.

Kosten für die Haftpflichtversicherung des Halters eines Kraftfahrzeugs gehören nicht zu diesen Aufwendungen.

(...)

(4) Der Anspruch auf Aufwendungsersatz erlischt, wenn er nicht binnen 15 Monaten nach seiner Entstehung gerichtlich geltend gemacht wird. Die Geltendmachung beim Betreuungsgericht gilt als Geltendmachung gegen den Betreuten. Die Geltendmachung gegen den Betreuten gilt auch als Geltendmachung gegen die Staatskasse.

(...)

Gemeint sind hier Telefonkosten, Fotokopierkosten, Fahrtkosten u. s. w. Der nicht berufsmäßige Verfahrensbeistand erhält allerdings keine Vergütung für seine Tätigkeit.

Der Ersatz von Dolmetscherkosten ist nach wie vor strittig und höchstrichterlich noch nicht abschließend entschieden (ebd. RN 24, 17 ff.). Hier sollte – gerade mit Blick auf die Interessenvertretung von Kindern mit Migrationshintergrund sowie mit Rücksicht auf das Europäische Übereinkommen über die Ausübung von Kinderrechten v. 25.01.1996 – eine Kostenübernahme zukünftig gesetzlich geregelt werden.

7.2

Soweit der Verfahrensbeistand berufsmäßig tätig wird, erhält er eine Fallpauschale. Sie beträgt 350,00 Euro – bei Wahrnehmung der allgemeinen Aufgaben des Verfahrensbeistands – und 550,00 Euro, sofern ihm die besonderen Aufgaben der Gesprächsführung mit den Eltern und weiteren Bezugspersonen des Kindes und der Mitwirkung an einer einvernehmlichen Regelung (Vergleich) im Verfahren übertragen werden, § 158c Abs. 1 i. V. m. § 158b Abs. 2 FamFG.

Voraussetzung der Pauschalvergütung ist die Feststellung der Berufsmäßigkeit der Verfahrensbeistandschaft (Hammer in: Prüttimg/Helms, § 158c RN 3). Die Fallpauschale fällt für jedes verfahrensmäßig betroffene Kind, jeden Verfahrensgegenstand (z. B. Sorgerecht und Umgang), Hauptsacheverfahren und Verfahren der einstweiligen Anordnung (als selbständige Verfahren) und jede Instanz an (ebd. RN 4).

Mit dieser Vergütung sind Ansprüche auf Ersatz entstandener Aufwendungen abgegolten, § 158c Abs. 1 FamFG. Auch in diesem Zusammenhang stellt sich die Frage der Übernahme der Dolmetscherkosten durch die Staatskasse, da auch Dolmetscherkosten, die für die Verständigung des Verfahrensbeistands mit einem nicht deutschsprachigen Verfahrensbeteiligten entstehen, unter den Begriff „Aufwendungen" fallen und daher nach Wortlaut und Systematik des Gesetzes mit der Pauschalvergütung abgegolten sind (OLG Braunschweig, Beschluss v. 26.06.2023 – 1 WF 61/23 –, juris RN 13). Das OLG Braunschweig vertrat deshalb im Fall einer vorherigen gerichtlichen Genehmigung der Heranziehung eines

Dolmetschers durch den Verfahrensbeistand (in einem Kindschaftsverfahren bzgl. eines afghanischen Kindes) die Auffassung, „dass der Verfahrensbeistand erforderlich gewordene Dolmetscherkosten nicht aus seiner Fallpauschale zu begleichen hat“ (ebd. RN 14). Hierzu wird ausgeführt: „Das Gericht hat zur Wahrung eines rechtsstaatlichen Verfahrens und zur Vermeidung einer nachteiligen Ungleichbehandlung nicht deutschsprachiger Verfahrensbeteiligter dafür Sorge zu tragen, dass diese ihre Verfahrensrechte angemessen wahrnehmen können (…). Bei Kindern aus nicht deutschsprachigen Familien gehört hierzu auch, ihnen und ihren Eltern die Verständigung mit dem Verfahrensbeistand zu ermöglichen, dessen gesetzliche Aufgabe nach § 158b Abs. 1 FamFG in der Feststellung und Einbringung der Interessen des Kindes in das familiengerichtliche Verfahren besteht. Diese Aufgabe kann ein Verfahrensbeistand nur dann sachgerecht wahrnehmen, wenn er sich mit den von ihm vertretenen Kindern – und im Falle eines erweiterten Auftrags nach § 158b Abs. 2 FamFG auch mit deren Eltern und ggf. weiteren Bezugspersonen – auch außerhalb von Gerichtsterminen unterhalten kann. Wenn es dem Verfahrensbeistand obliegen würde, hierfür auf eigene Kosten selbst zu sorgen, dann bestünde die Gefahr einer unzureichenden Interessenvertretung und zumindest mittelbaren Benachteiligung von Kindern mit Migrationshintergrund (…). Denn entweder würde sich kaum ein geeigneter Verfahrensbeistand finden, der bereit ist, in Verfahren tätig zu werden, in denen absehbar Dolmetscherkosten erforderlich werden – insbesondere, wenn nur ein Kind zu vertreten ist. Oder aber die Verfahrensbeistände würden ihre Standards senken, auf Gespräche vor der gerichtlichen Verhandlung verzichten oder sich mit Übersetzungen durch Freunde oder Angehörige der Kinder zufriedengeben, ohne eine Gewähr für deren Richtigkeit zu haben (…). In beiden Fällen würde es Kindern aus nicht deutschsprachigen Familien erschwert, ihre Interessen im familiengerichtlichen Verfahren zur Geltung zu bringen, worin eine gegen Art. 3 Abs. 3 S. 1 GG verstoßende Benachteiligung läge. Um diese Folgen zu vermeiden, sind einem Verfahrensbeistand die Kosten eines von ihm hinzugezogenen Dolmetschers – im Unterschied zu sonstigen notwendigen Auslagen – neben der Pauschalvergütung jedenfalls dann zu erstatten, wenn sie – wie hier – durch das Gericht ausdrücklich als erforderlich eingeordnet werden“ (ebd. RN 14–17).

7.3

Da an der Tätigkeit eines Verfahrensbeistands ein besonderes Gemeinwohlinteresse besteht, sind seine Leistungen nach der Rechtsprechung des Bundesfinanzhofs umsatzsteuerfrei (Urt. v. 17. Juli 2019, Az.: V R 27/17), was mit der nunmehr in § 4 Nr. 25 S. 3 d) UStG getroffenen Regelung auch gesetzlich festgelegt wurde.

7.4

Aufwendungsersatz und Vergütung werden stets aus der Staatskasse gezahlt, § 158c Abs. 3 i. V. m. § 292 Abs. 1 u. 5 (entsprechend) FamFG. Kosten jedweder Art können dem Verfahrensbeistand nicht auferlegt werden, § 158c Abs. 4 FamFG.

§ 292 FamFG

Zahlungen an den Betreuer; Verordnungsermächtigung

(1) Das Gericht setzt auf Antrag des Betreuers oder des Betroffenen oder nach eigenem Ermessen durch Beschluss fest:

1. einen dem Betreuer zu zahlenden Vorschuss, den ihm zu leistenden Ersatz von Aufwendungen oder die Aufwandspauschale, soweit der Betreuer die Zahlungen aus der Staatskasse verlangen kann (§ 1879 des Bürgerlichen Gesetzbuchs) oder ihm die Vermögenssorge nicht übertragen wurde,
2. eine dem ehrenamtlichen Betreuer zu bewilligende Vergütung oder Abschlagszahlung (§ 1876 des Bürgerlichen Gesetzbuchs) oder
3. eine dem beruflichen Betreuer oder dem Betreuungsverein zu bewilligende Vergütung nach dem Vormünder- und Betreuervergütungsgesetz.

(...)

(5) Ist eine Festsetzung nicht beantragt, so gelten für die Zahlungen, die aus der Staatskasse verlangt werden können, die Vorschriften über das Verfahren bei der Entschädigung von Zeugen hinsichtlich ihrer baren Auslagen sinngemäß.

Die Festsetzung der Vergütung (Fallpauschale) erfolgt durch förmliche Festsetzung des Rechtspflegers, § 292 Abs. 1 FamFG, oder durch Anweisung der Zahlung durch den Kostenbeamten, § 292 Abs. 5 FamFG.

Dem Verfahrensbeistand sind grundsätzlich keine Kosten aufzuerlegen, § 158c Abs. 4 FamFG.

III. Mediation – Formen der Konfliktbeilegung bei familialen Problemlagen im Zusammenhang mit familiengerichtlichen Verfahren

1. Einleitung und Überblick

Auf Veranlassung der Dritten Europäischen Familienrechtskonferenz in Spanien (1995) zum Thema „Das Familienrecht der Zukunft" erarbeitete der Expertenausschuss Familienrecht beim Europarat einen Empfehlungsentwurf und den Entwurf eines „Erläuternden Berichts" über die Familienmediation. Beide Entwürfe wurden von den Vertretern der 40 Mitgliedsstaaten überarbeitet und in der Folgezeit (1998) vom Ministerkomitee genehmigt (vgl. BMJ, FamRZ 1998, 1018–1020).

In der Empfehlung wurde den Regierungen der Mitgliedstaaten nahegelegt, die Familienmediation einzuführen oder zu fördern oder gegebenenfalls die bestehende Familienmediation zu verbessern und alle Maßnahmen zu ergreifen oder zu verstärken, die sie für die Verwirklichung der Grundsätze zur Förderung und Anwendung der Familienmediation als geeignetem Mittel zur Beilegung von Familienstreitigkeiten als notwendig erachten (Empfehlung/Einführung Nr. 11, ebd. S. 1019).

Dabei wurden u. a. die Erwägungen zugrunde gelegt, dass Familienstreitigkeiten die Besonderheiten aufweisen, dass Personen beteiligt sind, die definitionsgemäß weiterhin in einer Beziehung zueinanderstehen werden, dass Familienstreitigkeiten im Zusammenhang mit schmerzlichen Gefühlen entstehen und diese verstärken, und sich Trennung und Scheidung auf alle Familienmitglieder, insbesondere Kinder, auswirken (ebd. Nr. 5).

Ferner wurde darauf hingewiesen, dass die Forschungsergebnisse über die Mediation und die diesbezüglichen Erfahrungen in verschiedenen Ländern zeigten, dass die Familienmediation geeignet ist,

- die Kommunikation zwischen den Familienmitgliedern zu verbessern,
- Konflikte zwischen den Streitparteien zu verringern,
- gütliche Regelungen herbeizuführen,
- die Fortsetzung persönlicher Kontakte zwischen Eltern und Kindern zu gewährleisten,
- die sozialen und wirtschaftlichen Kosten einer Trennung oder Scheidung für die Parteien selbst und für den Staat zu senken und

- den Zeitraum, der sonst zur Beilegung eines Konflikts benötigt wird, zu verkürzen (ebd. Nr. 7).

Weitere Anregungen und Empfehlungen bezogen sich u.a. auf die Grundsätze betreffend die Familienmediation wie z.B. das Mediationsverfahren selbst und die staatliche Förderung der Mediation und den Zugang zur Mediation (ebd. Empfehlung/Grundsätze Nr. II ff.).

Bereits die Kindschaftsrechtsreform 1997(!) sah in verfahrensrechtlicher Hinsicht – neben einer Erweiterung der rechtlichen Rahmenbedingungen für die Beratung durch das Jugendamt bei Sorgerecht und Umgangsrecht (§§ 17, 18 Abs. 3 SGB VIII) – eine gerichtliche Unterstützungs- bzw. Förderungspflicht zur eigenverantwortlichen und einverständlichen Konfliktlösung der Eltern unter Einbeziehung außergerichtlicher Beratungsmöglichkeiten vor (§ 52 FGG a. F. – Vorgängervorschrift zu § 156 FamFG). Nach dem Willen des Gesetzgebers sollte die Vorschrift die Bedeutung des Zusammenwirkens und der Einigung der Eltern in Fragen der elterlichen Sorge hervorheben sowie ferner die Verantwortung der Eltern für ihre Kinder unterstreichen, die auch nach Trennung und Scheidung – und zwar unabhängig von der Regelung der elterlichen Sorge – bestehen bleibt (BT-Drucks. 13/8511 S. 79). Weiter heißt es insoweit: „Die elterliche Verantwortung gemäß Artikel 6 Abs. 2 des Grundgesetzes umfasst das Recht und die Pflicht der Eltern, den Lebensweg ihres Kindes in persönlicher Anteilnahme zu begleiten, seine Entwicklung zu fördern und die wechselseitige Verbundenheit zu entfalten und zu pflegen. Durch die elterliche Sorge sind die Eltern berechtigt und verpflichtet, unter anderem die persönlichen Angelegenheiten ihres Kindes zugunsten seiner Entwicklungschancen mit ihren Entscheidungen zu lenken" (ebd.).

Im Vorfeld und zur Vorbereitung der vorerwähnten Reform (1997) hatte der Gesetzgeber eine „Pilotstudie zur Praxiserprobung von Vermittlung – Mediation – streitiger Familiensachen" in Auftrag gegeben, mit deren Durchführung Prof. Proksch von der Evangelischen Stiftungsfachhochschule Nürnberg beauftragt worden war. Zugleich waren ihm Aufträge zur Durchführung eines mehrjährigen Modellversuchs mit kooperativer Vermittlung (Mediation) im Zuständigkeitsbereich des Jugendamts Jena sowie zu einem rechtstatsächlichen Forschungsvorhaben erteilt worden, mit dem u.a. geklärt werden sollte, wie eine förderliche Zusammenarbeit zwischen Jugendhilfe, Familiengericht und Rechtsanwaltschaft ausgestaltet werden könne (BT-Drucks. 13/4899, S. 51).

Neben dem eindeutig positiven Ergebnis der zuvor genannten Studie zu einvernehmlichen Sorge- und Umgangsregelungen von Elternpaaren, die eine Mediation in Anspruch genommen hatten, erwies sich auch bei dem (größer angelegten) Modellversuch des Jugendamts Jena die Mediation zur Förderung einvernehmlicher Regelungen als geeignet (ebd., insbesondere zu den weiteren Einzelheiten der Ergebnisse der Studien).

Ungeachtet der insgesamt positiv eingeschätzten Ergebnisse der Pilotstudie bzw. der Modellversuche wurde bei den damaligen Neuregelungen jedoch von einer (weitergehenden) Beratung und Vermittlung als zusätzliche Aufgabe des Gerichts bewusst abgesehen. Ebenso war die Überlegung, vor Durchführung eines gerichtlichen Verfahrens eine obligatorische außergerichtliche Vermittlung vorzusehen, verworfen worden, weil „dies dem Grundgedanken der autonomen Konfliktregelung durch die Eltern widersprechen würde, wenn sie gegen ihren Willen zu einem außergerichtlichen Vermittlungsversuch gezwungen würden" (BT-Drucks. 13/4899 S. 75). Andererseits wurde „für den besonders sensiblen Bereich der Durchsetzung des Umgangsrechts" die Möglichkeit der Durchführung eines gerichtlichen Vermittlungsverfahrens geschaffen (§ 52a FGG a. F. – Vorgängervorschrift zu § 165 FamFG).

Obwohl die Mediation (und weitere konfliktregelnde Verfahren) damit seinerzeit im Zusammenhang mit familienrechtlichen Problemlagen und familiengerichtlichen Verfahren recht ausführlich thematisiert worden waren, fanden sie keinen weiteren konkreten Niederschlag im Gesetz. Dennoch ist insoweit ersichtlich, dass die gesetzgeberischen Überlegungen und (erste) Umsetzungen zu eigenverantwortlichen Konfliktlösungen – neben den erweiterten Beratungsangeboten und Unterstützungsmöglichkeiten durch das Jugendamt – relativ weit zurückreichen.

2. Unterstützungspflicht des Jugendamts zu gütlichen Einigungen nach dem IntFamRVG

Am 26.01.2005 wurde das Internationale Familienrechtsverfahrensgesetz (IntFamRVG) verkündet. Das Gesetz enthält u. a. die erforderlichen Durchführungsbestimmungen zu der seinerzeit vom Rat der Europäischen Union verabschiedeten sog. „Brüssel IIa-Verordnung", deren Regelungen durch innerstaatliche Verfahrensvorschriften ergänzt werden mussten. Seit dem 01.08.2022 gilt für neue anhängige Verfahren die sog. „Brüssel IIb-Verordnung" (vgl. hierzu im Einzelnen Kap. III, 7).

§ 9 IntFamRVG normiert eine Unterstützungspflicht des Jugendamtes gegenüber dem Gericht und der sog. Zentralen Behörde und geht damit über die Regelungen des § 50 Abs. 1 SGB VIII hinaus. § 9 Abs. 1 S. 2 IntFamRVG stellt den Anwendungsbereich dieser Unterstützungspflicht beispielhaft dar. In der Gesetzesbegründung heißt es hierzu: „Die Unterstützung gütlicher Einigungen entspricht dem Anliegen der Jugendhilfe, dauerhafte und von allen Beteiligten akzeptierte Regelungen zu fördern" (BR-Drucks. 607/04 S. 46).

§9 IntFamRVG

Mitwirkung des Jugendamts an Verfahren

(1) Unbeschadet der Aufgaben des Jugendamts bei der grenzüberschreitenden Zusammenarbeit unterstützt das Jugendamt die Gerichte und die Zentrale Behörde bei allen Maßnahmen nach diesem Gesetz. Insbesondere

1. gibt es auf Anfrage Auskunft über die soziale Lage des Kindes und seines Umfelds,
2. unterstützt es in jeder Lage eine gütliche Einigung,
3. leistet es in geeigneten Fällen Unterstützung bei der Durchführung des Verfahrens, auch bei der Sicherung des Aufenthalts des Kindes,
4. leistet es in geeigneten Fällen Unterstützung bei der Ausübung des Rechts zum persönlichen Umgang, der Heraus- oder Rückgabe des Kindes sowie der Vollstreckung gerichtlicher Entscheidungen.

...

Ohne den Begriff der Mediation oder einer anderen Form der Konfliktbeilegung zu benennen, steht die Unterstützungspflicht des Jugendamtes damit nach dem gesetzgeberischen Willen im Einklang mit den Zielen eines Konfliktbeilegungsverfahrens.

3. Die Gesetzeslage nach dem FamFG – bis zur Verabschiedung des Mediationsgesetzes (2012)

3.1

Mit der Einführung des FamFG (2009) wurde das familiengerichtliche Verfahrensrecht, das (bis dahin) in weiten Teilen dem FGG unterlag, völlig neu geregelt. Neben dem gesetzgeberischen Anspruch, mit dem Reformgesetz „eine moderne und allgemeine Verfahrensordnung zu schaffen" (BT-Drucks. 16/6308 S. 1), wurde als Schwerpunkt der Reform (mit Blick auf den hier interessierenden Kontext) u. a. die „Förderung der gütlichen Einigung der Eltern über das Umgangs- und Sorgerecht" hervorgehoben (ebd. S. 2). Demzufolge wurden entsprechende inhaltliche Vorgängerregelungen i. S. d. gesetzgeberischen Anliegens präzisiert (vgl. z. B. § 52 FGG a. F. – § 156 FamFG) bzw. inhaltlich verändert und neu gefasst (vgl. z. B. § 52a FGG a. F. – § 165 FamFG), aber auch Neuregelungen i. S. der Förderung der gütlichen elterlichen Einigung geschaffen (vgl. z. B. § 36 FamFG). Die hier interessierenden Bestimmungen wurden durch das nur wenige Jahre später verkündete Mediationsgesetz (2012) erneut geändert, worauf im Folgenden näher eingegangen wird.

3.2

Das Reformanliegen zum FamFG bzgl. der Förderung der gütlichen elterlichen Einigung wird in der Gesetzesbegründung an verschiedenen Stellen verdeutlicht: So heißt es z. B. in diesem Zusammenhang bereits in den Leitlinien des Gesetzentwurfs zu dem Reformziel „Stärkung der konfliktvermeidenden und konfliktlösenden Elemente im familiengerichtlichen Verfahren: Das familiengerichtliche Verfahren ist wie keine andere gerichtliche Auseinandersetzung von emotionalen Konflikten geprägt, die letztlich nicht justiziabel sind, aber einen maßgeblichen Einfluss auf das Streitpotenzial und die Möglichkeiten zur gütlichen Beilegung einer Auseinandersetzung haben. Emotionale Nähe zwischen den Beteiligten führt zu Konfliktsituationen, die die Durchführung des Verfahrens aufwändiger machen. Der Verfahrensgesetzgeber (gemeint ist die Gesetzgebung für die einzelnen Verfahrensvorschriften für gerichtliche Verfahren, der Verf.) muss ein geeignetes Instrumentarium zum Umgang mit diesen Konflikten bereitstellen. Einer stärkeren Berücksichtigung des emotionalen Konfliktpotenzials im Verfahrensrecht bedarf es nicht nur in den personenbezogenen Auseinandersetzungen; die Reform soll insoweit auch dazu dienen, vorgerichtliche und gerichtliche Auseinandersetzungen über vermögensrechtliche Streitgegenstände positiv zu beeinflussen. Die Neukodifizierung des familiengerichtlichen Verfahrensrechts wird dazu genutzt, die Bedeutung des personalen Grundkonfliktes aller familiengerichtlichen Verfahren zu betonen und konfliktvermeidende sowie konfliktlösende Elemente zu stärken, so z. B. durch Förderung der gerichtlichen und außergerichtlichen Streitschlichtung für Scheidungsfolgesachen, …“ (BT-Drucks. 16/6308 S. 164).

3.3

In der Gesetzesbegründung bzgl. der Neuregelung des Vergleichs (§ 36 FamFG a. F.) wird darauf verwiesen, dass „das Gericht (…) den Beteiligten in einem möglichst frühen Verfahrensstadium die Möglichkeiten und Vorteile einer konsensualen Streitbeilegung (Zeitgewinn, Rechtsfrieden) darstellen und – falls möglich – einen Vergleichsvorschlag unterbreiten (soll)“ (ebd. S. 193).

3.4

Um die „Mediation und sonstige Möglichkeiten außergerichtlicher Streitbeilegung zu fördern und verstärkt zur Anwendung zu bringen“ (ebd. S. 229) wurde mit § 135 Abs. 1 FamFG (die Vorschrift gilt unverändert) erstmals eine Regelung zur „außergerichtlichen Streitbeilegung über Folgesachen“ geschaffen. Für den Gesetzgeber erschien es wichtig, den Gedanken einer Schlichtung außerhalb des Streitgerichts in das familiengerichtliche Verfahren zu übertragen, weil sich in Familiensachen aus den Besonderheiten der Verfahrensgegenstände und wegen der persönlichen Beziehung der Beteiligten typischerweise ein besonderes Bedürfnis nach Möglichkeiten zur Förderung einverständlicher Konfliktlösungen ergebe, die ggf. auch über den konkreten Verfahrensgegenstand hinausreichen (ebd. 229). Es wurde daher für angemessen gehalten, „den Gesichtspunkt der außergerichtlichen Streitbeilegung in diesem Rechtsbereich noch stärker hervorzuheben als im allgemeinen Zivilprozessrecht“ (ebd. 229).

3.5

Zu den Folgesachen, in denen eine Konfliktbeilegung (im hier interessierenden Kontext) in Betracht kommt, zählen gem. § 137 Abs. 3 FamFG die einbezogenen (anhängigen) Kindschaftssachen betr. die Übertragung oder Entziehung der elterlichen Sorge, das Umgangsrecht, die Herausgabe eines gemeinschaftlichen Kindes der Ehegatten bzw. das Umgangsrecht eines Ehegatten mit dem Kind des anderen Ehegatten.

In diesen Verfahren (Scheidungsfolgesachen) wurde/wird das Familiengericht gem. § 135 Abs. 1 FamFG nach freiem Ermessen ermächtigt, die Ehegatten zunächst darauf zu verweisen, einzeln oder gemeinsam zu einem Informationsgespräch über Mediation oder einer sonstigen Form außergerichtlicher Streitbeilegung teilzunehmen und eine Bestätigung hierüber vorzulegen. Allerdings muss die Wahrnehmung des Informationsgespräches für die Ehegatten zumutbar sein und ein kostenfreies Angebot für Informationsgespräche oder Informationsveranstaltungen bestehen (ebd. S. 229). Mit einem Informationsgespräch wollte/will der Gesetzgeber die Erörterung über die Möglichkeiten einer außergerichtlichen Streitbeilegung über Folgesachen sicherstellen: Eine Information – etwa in Form eines Merkblatts – wurde mit Blick auf Bedeutung und Zweck der Vorschrift als nicht hinreichend angesehen (ebd. S. 229).

Andererseits heißt es insoweit ebenso ausdrücklich: „Die Vorschrift gibt dem Gericht keine Kompetenz, die Parteien zur Teilnahme an einem Informationsgespräch oder zur Durchführung einer Mediation zu zwingen. (…) Die Anordnung (ist) nicht mit Zwangsmitteln nach § 35 (FamFG, der Verf.) durchsetzbar. Kommt ein Beteiligter der Anordnung des Gerichts zur Teilnahme an einem Informationsgespräch nicht nach, kann dies jedoch nach § 150 Abs. 4 Satz 2 (FamFG, der Verf.) kostenrechtliche Folgen nach sich ziehen. Die Anordnung ist als Zwischenentscheidung nicht selbständig anfechtbar. (…). Die Ehegatten sind und bleiben allerdings in der Entscheidung, ob sie nach der Information einer Mediation nähertreten wollen oder nicht, vollständig frei. Diese Entscheidung sollte aber in Kenntnis der spezifischen Möglichkeiten eines außergerichtlichen Streitbeilegungsverfahrens getroffen werden“ (ebd. 229).

§ 135 Abs. 2 FamFG a. F. (die Vorschrift wurde durch das Mediationsgesetz aufgehoben und anderweitig ersetzt) sah schließlich vor, dass das Gericht den Ehegatten in geeigneten Fällen eine außergerichtliche Streitbeilegung anhängiger

Folgesachen, und zwar in sämtlichen Folgesachen, vorschlagen sollte („Soll-Vorschrift").

3.6

Selbst das mit dem FamFG eingeführte Vorrang- und Beschleunigungsgebot (§ 155 FamFG), wurde bewusst mit Blick auf die vormalige Bestimmung des § 52 FGG a. F. (Hinwirken auf Einvernehmen) gefasst und weiter entwickelt. Hierzu heißt es in der Begründung:

„Um eine einvernehmliche Konfliktlösung zu fördern, begründet § 155 Absatz 2 Satz 1 die Verpflichtung des Familiengerichts, die Sache mit den Beteiligten mündlich in einem Termin zu erörtern. (…) Mit einer schnellen Terminierung soll eine Eskalierung des Elternkonflikts vermieden werden. Insbesondere in der ersten Zeit nach der Trennung ist die Kompetenz beider Eltern zu verantwortlichem Handeln oft reduziert, was tendenziell zu einer Zuspitzung der Konflikte führt. Gerade in dieser Situation ist es wichtig, die Eltern nicht längere Zeit allein zu lassen. Der Anspruch des Kindes auf Schutz vor überflüssigen Schädigungen gebietet es vielmehr, dass das Familiengericht so schnell wie möglich versucht, die Eltern im persönlichen Gespräch wieder auf den Weg zur Übernahme gemeinsamer Verantwortung zu bringen" (ebd. S. 236).

3.7

Im Hinblick auf § 156 FamFG (Hinwirken auf Einvernehmen) wurde die Gesetzesbegründung wegen der im Gesetz vorgesehenen Beratung und Unterstützung zur Entwicklung eines einvernehmlichen Konzepts für die Wahrnehmung der elterlichen Sorge und der elterlichen Verantwortung nochmals deutlicher: „§ 156 Abs. 1 Satz 3 sieht einen gerichtlichen Hinweis auf die Möglichkeit der Mediation oder der sonstigen außergerichtlichen Streitbeilegung vor. Satz 4 gibt dem Familiengericht die verbindliche Kompetenz, die Eltern zur Teilnahme an einer Beratung durch die Beratungsstellen und -dienste der Träger der Jugendhilfe zu verpflichten (…). Das Familiengericht kann auf diese Weise reagieren, wenn es den Eltern im Termin nicht gelingt, Einvernehmen über die Regelung der sorge- und umgangsrechtlichen Fragen zu erreichen. Das Gericht soll vor Erlass dieser Anordnung dem Jugendamt Gelegenheit zur Stellungnahme geben." (ebd. 237).

Wie aus den Gesetzesbegründungen mit aller Deutlichkeit hervorgeht, war der Gesetzgeber an dem Schlichtungsgedanken gerade in dem (hier näher interessierenden) Bereich der Kindschaftssachen wegen der Besonderheit und der Bedeutung der zu regelnden Problematik besonders interessiert und insoweit bestrebt, diese Gedanken weiter zu entwickeln und gesetzlich zu fixieren. Dabei hatte der Gesetzgeber (explizit) auch schon die bereits seinerzeit bestehenden Bemühungen auf europäischer Ebene im Blick, die „Mediation und sonstige

Möglichkeiten außergerichtlicher Streitbeilegung zu fördern und verstärkt zur Anwendung zu bringen“ (ebd. 229).

3.8

Nicht unerwähnt bleiben soll in diesem Zusammenhang das in der Praxis nicht so bedeutsame Vermittlungsverfahren gem. § 165 FamFG (Vorgängervorschrift § 52a FGG a. F.). Geregelt ist hier das Vermittlungsverfahren auf Antrag eines Elternteils, weil der andere Elternteil die Durchführung einer gerichtlichen Entscheidung, eines gerichtlich gebilligten Vergleichs über den Umgang mit dem gemeinschaftlichen Kind vereitelt oder erschwert. Bei diesem Sachverhalt soll das Gericht zwischen den Eltern vermitteln. Nach Vorstellung des Gesetzgebers zur Vorgängerregelung (§ 52a FGG a. F.) sollte die Vorschrift „eine einverständliche Konfliktlösung mit Hilfe des Gerichts ermöglichen, ohne dass sich die Eltern bereits mit gegensätzlichen Verfahrensanträgen gegenüberstehen“ (BT-Drucks. 13/4899, S. 133). § 165 FamFG hat im Wesentlichen den Regelungsgehalt der Vorgängervorschrift (§ 52a FGG a. F.) übernommen, letztlich erfolgte lediglich eine Anpassung an die durch das FamFG veränderte Rechtslage. Gleichwohl wird auch hier das Wohl des Kindes hervorgehoben, in dessen Interesse die Einigung der Eltern über den Umgang liegt (BT-Drucks. 16/6308 S. 242).

4. Das Mediationsgesetz

Am 21. Mai 2008 wurde die Europäische Mediationsrichtlinie verabschiedet, die der (deutsche) Gesetzgeber in bestimmten Bereichen in deutsches Recht umzusetzen hatte. Deshalb wurde im Jahre 2012 das Gesetz zur Förderung der Mediation und anderer Verfahren der außergerichtlichen Konfliktbeilegung erlassen. Hierbei handelt es sich um ein Artikelgesetz, dessen Art. 1 das Mediationsgesetz enthält; die weiteren Artikel befassen sich mit mediationsrechtlichen Folgeänderungen in Verfahrensvorschriften (z. B. ZPO, FamFG).

4.1

Hintergrund und wesentliches Ziel des Gesetzes ist es, die Mediation und andere Verfahren der außergerichtlichen Konfliktbeilegung zu fördern, indem es u. a. die Vertraulichkeit des Mediationsverfahrens durch eine Verschwiegenheitspflicht von Mediatorinnen und Mediatoren schützt und die Vollstreckbarkeit von in einer Mediation geschlossenen Vereinbarungen erleichtert (BT-Drucks. 17/8058 S. 1). Unter Verweis auf die Rechtsprechung des Bundesverfassungsgerichts sollten „Anreize geschaffen werden für eine einverständliche Streitbeilegung, um die Konfliktlösung zu beschleunigen, den Rechtsfrieden nachhaltig zu fördern und die staatlichen Gerichte zu entlasten. Denn ‚eine zunächst streitige Problemlage durch eine einverständliche Lösung zu bewältigen, ist auch in einem Rechtsstaat grundsätzlich vorzugswürdig gegenüber einer richterlichen Streitentscheidung‘ (BVerfG, Beschluss vom 14. Februar 2007, 1 BvR 1351/01)“ (BT-Drucks. 17/5335 S. 11).

Ferner wurden im Interesse einer klaren gesetzlichen Abgrenzung der richterlichen Streitschlichtung von der Mediation die bis dahin praktizierten unterschiedlichen Modelle der gerichtsinternen Mediation in ein erheblich erweitertes Güterichterkonzept überführt und dieses auch auf andere Verfahrensordnungen ausgedehnt (BT-Drucks. 17/8058 S. 1). Schließlich erfolgte „aus Gründen der Qualitätssicherung und der Markttransparenz (...) eine Präzisierung der Anforderungen an die Grundkenntnisse und Kernkompetenzen eines Mediators. (Ferner wurde) die Bezeichnung ‚zertifizierter Mediator‘ gesetzlich verankert und – im Zusammenspiel mit einer von der Bundesregierung zu erlassenden Verordnung – die Voraussetzungen für deren Führen festgelegt“ (ebd. S. 1).

4.2

Das Gesetz zur Förderung der Mediation und anderer Verfahren der außergerichtlichen Konfliktbeilegung (2012) enthält in Artikel 1 das Mediationsgesetz (MediationsG).

Entsprechend dem Ziel, „(...) die Mediation im Bewusstsein der Bevölkerung und der in der Rechtspflege tätigen Berufsgruppen zu verankern“ bzw. um „die Streitkultur in Deutschland nachhaltig zu verbessern“ (BT-Drucks. 17/5335 S. 11), will das Gesetz „insbesondere die außergerichtliche Mediation stärken“ (ebd. S. 11). Dabei beschränkt sich das Mediationsgesetz bewusst auf grundlegende Verhaltenspflichten und Aufgaben der Mediatoren und einige Tätigkeitsbeschränkungen, die für alle – auch richterliche – Mediatoren gelten (ebd. S. 11).

§ 1 MediationsG
Begriffsbestimmungen

(1) Mediation ist ein vertrauliches und strukturiertes Verfahren, bei dem Parteien mithilfe eines oder mehrerer Mediatoren freiwillig und eigenverantwortlich eine einvernehmliche Beilegung ihres Konflikts anstreben.
(2) Ein Mediator ist eine unabhängige und neutrale Person ohne Entscheidungsbefugnis, die die Parteien durch die Mediation führt.

4.2.1

Unter dem Begriff der Mediation (lateinisch Vermittlung) versteht man ein freiwilliges und eigenverantwortliches Verfahren, bei dem die Parteien mit Hilfe eines Mediators die Beilegung ihres Konfliktes anstreben, § 1 Abs. 1 MediationsG.

Im Gegensatz hierzu steht z. B. die sog. Schlichtung, in der die den Streit schlichtende Person den Parteien eine bestimmte Konfliktlösung vorschlägt (ebd. S. 10 m. w. N.). Zu anderen bzw. weiteren Verfahren der außergerichtlichen Konfliktbeilegung gehören unterschiedlichste Formen, auf die hier nicht weiter eingegangen werden kann.

Zur geschichtlichen Entwicklung führt die Gesetzesbegründung – in einem bemerkenswert komprimierten und interessanten Überblick – aus: „Der Gedanke, Konflikte durch Verhandlungs- und Vermittlungsstrategien beizulegen, ist sehr alt und findet sich zum Teil schon vor der Entstehung von Rechtsnormen und staatlichen Organisationen (vgl. nur: Hehn, Handbuch Mediation, 2. Auflage, § 8 RN 3 ff.). Nicht nur in Japan, China und weiten Teilen Afrikas spielt der Vermittlungsgedanke seit jeher eine wesentliche Rolle bei der Beilegung von Konflikten. Auch in Europa reichen die Wurzeln der Mediation bis in das Altertum zurück. So wählten die Bürger von Athen im Jahr 594/3 v. Chr. Solon zum Vermittler, um den dem attischen Staat drohenden Bürgerkrieg abzuwenden. In der Präambel zum Friedensvertrag, der am 24. Oktober 1648 mit dem Westfälischen Frieden zu Münster den Dreißigjährigen Krieg beendete, wird der venezianische Ritter Alvise Contarini erwähnt, der ‚den Auftrag eines Mediators unabhängig von den Begehrlichkeiten der Parteien während beinahe fünf Jahren unverdrossen erfüllt und damit den Frieden möglich gemacht hat', vgl.: Duss-von Werdt, homo mediator, S. 24 ff. und 44 ff." (BT-Drucks. 17/5335 S. 10). „Im 20. Jahrhundert fand in den 70er-Jahren zunächst in den USA eine intensive Beschäftigung mit alternativen Formen der Konfliktregelung (Alternative Dispute Resolution – ADR) statt. Dabei wurde auch der Gedanke der Mediation aufgegriffen und weiterentwickelt, der dann Mitte der 80er-Jahre auch in Europa zunehmend Beachtung fand" (ebd.).

4.2.2

Das Mediationsgesetz, § 1 Abs. 2 MediationsG, verzichtet bewusst auf die abschließende Regelung eines festen Berufsbildes. Dies beruht u. a. darauf, dass „viele Mediatorinnen und Mediatoren nicht hauptberuflich oder jedenfalls nicht ausschließlich als solche arbeiten, sondern in erster Linie einen Grundberuf ausüben, zum Beispiel Rechtsanwältin oder Rechtsanwalt, Steuerberaterin oder Steuerberater, Psychologin oder Psychologe. Dieser Grundberuf hat Auswirkungen auf das Verhältnis zwischen den Vorschriften dieses Gesetzes und dem Berufsrecht des jeweiligen Grundberufs. Die Regelungen in diesem Gesetz verdrängen die für die Grundberufe geltenden berufsrechtlichen Regelungen nur, soweit zwischen beiden ein Widerspruch auftritt. Insoweit ist das MediationsG Lex specialis. Berufsrechtliche Regelungen aus dem Grundberuf bleiben neben dem MediationsG anwendbar, soweit sie sich auch auf die mediatorische Tätigkeit erstrecken" (ebd. S. 14).

Der Mediator hat keinerlei Entscheidungskompetenz, § 1 Abs. 2 MediationsG. Es gehört zu den Hauptaufgaben des Mediators, die Parteien „dabei zu unterstützen, dass diese selbst ihre eigenen Interessen herausarbeiten, allseits vorteilhafte Einigungsoptionen entwickeln und eine einvernehmliche Vereinbarung zur dauerhaften Regelung ihres Konflikts treffen (vgl. nur Eidenmüller, Mediation in der Anwaltspraxis, 2. Auflage, § 2 RN 25 und 27)“ (ebd.). Weiter wird durch die Formulierung der Regelung des § 1 Abs. 2 MediationsG „klargestellt, dass die Mediatorinnen und Mediatoren die Verantwortung für das Verfahren und insbesondere für eine gelingende Kommunikation zwischen den Parteien tragen. Sie haben auf die Vereinbarung von Verfahrensregeln und auf deren Einhaltung zu achten und für die Schaffung bzw. Wiederherstellung einer adäquaten Verhandlungsatmosphäre zu sorgen“ (ebd.).

4.2.3

§ 2 MediationsG

Verfahren; Aufgaben des Mediators

(1) Die Parteien wählen den Mediator aus.

(2) Der Mediator vergewissert sich, dass die Parteien die Grundsätze und den Ablauf des Mediationsverfahrens verstanden haben und freiwillig an der Mediation teilnehmen.

(3) Der Mediator ist allen Parteien gleichermaßen verpflichtet. Er fördert die Kommunikation der Parteien und gewährleistet, dass die Parteien in angemessener und fairer Weise in die Mediation eingebunden sind. Er kann im allseitigen Einverständnis getrennte Gespräche mit den Parteien führen.

(4) Dritte können nur mit Zustimmung aller Parteien in die Mediation einbezogen werden.

(5) Die Parteien können die Mediation jederzeit beenden. Der Mediator kann die Mediation beenden, insbesondere wenn er der Auffassung ist, dass eine eigenverantwortliche Kommunikation oder eine Einigung der Parteien nicht zu erwarten ist.

(6) Der Mediator wirkt im Falle einer Einigung darauf hin, dass die Parteien die Vereinbarung in Kenntnis der Sachlage treffen und ihren Inhalt verstehen. Er hat die Parteien, die ohne fachliche Beratung an der Mediation teilnehmen, auf die Möglichkeit hinzuweisen, die Vereinbarung bei Bedarf durch externe Berater überprüfen zu lassen. Mit Zustimmung der Parteien kann die erzielte Einigung in einer Abschlussvereinbarung dokumentiert werden.

§ 2 MediationsG legt die wesentlichen Aufgaben und Pflichten eines Mediators fest. Hierzu gehört:

- die Verantwortung für ein strukturiertes Verfahren, mit dem eine eigenständige Konfliktlösung ermöglicht wird,
- umfassende Information der Parteien über das (insbesondere freiwillige) Verfahren sowie Regelungsmöglichkeiten durch eine sog. Verfahrensvereinbarung,

- die Pflicht zur Neutralität gegenüber den beteiligten Parteien,
- Förderung der Kommunikation durch unterschiedliche Kommunikationsmethoden und -techniken (auch Einzelgespräche mit beiden Parteien mit ihrem Einverständnis),
- Einbeziehung Dritter (z. B. Rechtsanwälte) mit Zustimmung sämtlicher Parteien,
- Recht zur Beendigung des Mediationsverfahrens (ebenso wie die Parteien selbst), soweit oder wenn eine eigenverantwortliche Kommunikation oder Einigung der Parteien nicht (mehr) zu erwarten ist,
- Pflicht zur Vergewisserung, dass die Parteien die Vereinbarung in Kenntnis der Sachlage treffen und auch den Inhalt der Vereinbarung verstehen,
- Hinweispflicht auf die Möglichkeit, eine beabsichtigte Vereinbarung durch externe Berater überprüfen zu lassen, wenn eine Partei ohne fachliche Beratung an der Mediation teilnimmt (vgl. hierzu auch im folgenden Absatz),
- Hinweis auf Dokumentation über die erzielte Einigung der Abschlussvereinbarung bei Zustimmung der Parteien – zur Vollstreckbarkeit der (dokumentierten) Vereinbarung – (vgl. unter 4.2.4).

4.2.4

Gerade bei Vereinbarungen mit rechtlichen Folgewirkungen ist eine Überprüfung durch externe Berater geboten bzw. dringend anzuraten, weshalb das Gesetz eine entsprechende Hinweispflicht des Mediators festgelegt hat, vgl. § 2 Abs. 6 S. 2 MediationsG. Eine Partei, die ohne fachliche Beratung an der Mediation teilnimmt, ist deshalb grundsätzlich auf die Möglichkeit hinzuweisen, die Vereinbarung durch einen externen Berater überprüfen zu lassen, wozu bei einer ohne rechtliche Beratung durchgeführten Mediation insbesondere die anwaltliche Beratung und Überprüfung mit einer grundlegenden rechtlichen Kontrolle vor Abschluss einer beabsichtigten Vereinbarung zählt (BT-Drucks. 17/8058 S. 18). Nach der Gesetzesbegründung kann eine Mediation nämlich „Rechtsinformationen beinhalten und sich auf Rechtsverhältnisse beziehen sowie Regelungsmöglichkeiten zur Diskussion stellen, sie überlässt jedoch den Konfliktparteien die eigenverantwortliche Gestaltung ihrer Rechtsverhältnisse. Unbedenklich ist also stets die allgemeine Darstellung rechtlicher und tatsächlicher Handlungsoptionen (BT-Drucks. 17/5335 S. 15 – zur Abgrenzung von Mediation und Rechtsdienstleistung vgl. i. Ü. unter Kap. 5).

Die (schriftliche) Dokumentation der Abschlussvereinbarung (§ 2 Abs. 6 S. 3 MediationsG) kann sich namentlich dann empfehlen, wenn die Parteien – oder aber der Mediator mit Blick auf den Inhalt der getroffenen Vereinbarung – die Möglichkeit einer Vollstreckbarerklärung für sinnvoll halten. Zwar wird die Bedeutung vollstreckbarer Mediationsvereinbarungen unterschiedlich beurteilt, weil eine solche Vereinbarung gerade das Ergebnis eines freiwilligen

Einigungsprozesses ist, sodass letztlich kaum ein Bedürfnis für eine zwangsweise Vollstreckbarkeit des Einigungsergebnisses besteht.

Der Gesetzgeber hat sich gegen die Möglichkeit, den Inhalt einer Mediationsvereinbarung mit einer eigenständigen gesetzlichen Regelung vollstreckbar zu machen, entschieden. Hierzu wird auf bestehende ausreichende Möglichkeiten, die Vollstreckungsfähigkeit einer Mediationsvereinbarung nach unterschiedlichen Bestimmungen herzustellen, vgl. §§ 794 ZPO, verwiesen (BT-Drucks. 17/8058 S. 21).

Als solche kommen z. B. in Betracht:

- gerichtlich protokollierter Vergleich, § 794 Abs. 1 Nr. 1 ZPO,
- Anwaltsvergleich, § 796a ZPO,
- notarielle Beurkundung, § 794 Abs. 1 Nr. 5 ZPO.

Andernfalls (wenn also die Vereinbarung nicht in der zuvor genannten Form für vollstreckungsfähig erklärt wurde) bleibt nur eine Klage vor Gericht, um eine Vollstreckung der sich aus der Abschlussvereinbarung ergebenden Ansprüche (Einigung auf konkrete Rechte usw.) zu erreichen. Die Vereinbarung an sich stellt nämlich lediglich einen Vertrag dar, der zwar rechtlich bindend, aber für sich genommen noch nicht vollstreckungsfähig ist. Damit ist bei der Abschlussvereinbarung darauf zu achten, dass sie inhaltlich eindeutig und klar formuliert ist, damit sie als Rechtsgrundlage für eine Vollstreckung dienen kann.

4.2.5

§ 3 MediationsG regelt die Offenbarungspflichten und Beschränkungen der Tätigkeit des Mediators. Alle Umstände, die die Unabhängigkeit und Neutralität des Mediators beeinträchtigen können, sind offen zu legen. Darüber hinaus darf der Mediator in diesen Fällen nur nach (vorheriger) ausdrücklicher Zustimmung der Parteien als Mediator tätig werden, § 3 Abs. 1 MediationsG.

§ 3 MediationsG

Offenbarungspflichten; Tätigkeitsbeschränkungen

(1) Der Mediator hat den Parteien alle Umstände offenzulegen, die seine Unabhängigkeit und Neutralität beeinträchtigen können. Er darf bei Vorliegen solcher Umstände nur als Mediator tätig werden, wenn die Parteien dem ausdrücklich zustimmen.

(2) Als Mediator darf nicht tätig werden, wer vor der Mediation in derselben Sache für eine Partei tätig gewesen ist. Der Mediator darf auch nicht während oder nach der Mediation für eine Partei in derselben Sache tätig werden.

(3) Eine Person darf nicht als Mediator tätig werden, wenn eine mit ihr in derselben Berufsausübungs- oder Bürogemeinschaft verbundene andere Person vor der Mediation in derselben Sache für eine Partei tätig gewesen ist. Eine solche andere Person darf auch nicht während oder nach der Mediation für eine Partei in derselben Sache tätig werden.
(4) Die Beschränkungen des Absatzes 3 gelten nicht, wenn sich die betroffenen Parteien im Einzelfall nach umfassender Information damit einverstanden erklärt haben und Belange der Rechtspflege dem nicht entgegenstehen.
(5) Der Mediator ist verpflichtet, die Parteien auf deren Verlangen über seinen fachlichen Hintergrund, seine Ausbildung und seine Erfahrung auf dem Gebiet der Mediation zu informieren.

Zu den fraglichen Umständen zählen insbesondere:

- persönliche oder geschäftliche Verbindungen zu einer Partei,
- finanzielles oder sonstiges eigenes Interesse am Ergebnis der Mediation,
- Tätigkeit für eine Partei in derselben Sache (also bei gleichem Lebenssachverhalt von Mediation und Beratung) vor, während oder nach einer Mediation (BT-Drucks. 17/5335 S. 16).

Unabhängig von der Zustimmung der Parteien sind Parteivertretung und Mediation in einer Person gem. § 3 Abs. 2 MediationsG untersagt, soweit es um eine Tätigkeit in derselben Sache (Definition s. o.) geht. Damit kommt ein Tätigwerden des Mediators in derselben Sache für eine Partei vor, während oder nach der Mediation grundsätzlich nicht in Betracht. Eine zusätzliche Tätigkeitsbeschränkung gilt für einen in Aussicht genommenen Mediator gem. § 3 Abs. 3 MediationsG, soweit ein in derselben Sozietät tätiger Rechtsanwalt (wie der beabsichtigte Mediator) eine der Parteien in derselben Sache vertritt oder vertreten hat. Hingegen ist es gem. § 3 Abs. 4 MediationsG unschädlich, wenn z. B. eine psychologische Beratungsstelle eine kontaktsuchende Partei zunächst berät und anschließend eine Mediation anbietet (ebd. S. 16). In diesem Fall sind die Parteien umfassend zu informieren und ferner zu klären, ob sie auf der Basis der Information einer Mediation ausdrücklich zustimmen.

§ 3 Abs. 5 MediationsG enthält die Auskunftsverpflichtung des Mediators u. a. über seinen fachlichen Hintergrund. Hierzu stellt die Gesetzesbegründung fest: „Nach § 3 Absatz 5 MediationsG können die Parteien von den Mediatorinnen und Mediatoren Auskunft über deren fachlichen Hintergrund, wie Studium und ausgeübter Beruf, sowie über die Art und Dauer der Mediationsausbildung und über die auf dem Gebiet der Mediation gemachten praktischen Erfahrungen verlangen. Die hierdurch begründete Informationspflicht betrifft alle Mediatorinnen und Mediatoren (…). Die Bestimmung trägt dem Umstand Rechnung, dass keine gesetzlichen Mindestqualifikationen für Mediatorinnen und Mediatoren eingeführt werden, die Qualitätssicherung also dem Markt überlassen bleibt.

Der Markt kann diese Aufgabe jedoch nur erfüllen, wenn die Qualifikation der Mediatorinnen und Mediatoren für die Parteien transparent ist und diese eine informierte Auswahlentscheidung treffen können. Dabei verzichtet die Regelung bewusst darauf vorzuschreiben, wie die Parteien zu informieren sind. Den Mediatorinnen und Mediatoren steht es frei, eine geeignete Form der Aufklärung zu wählen, beispielsweise mit einem Informationsblatt oder durch entsprechende Erläuterungen auf ihrer Internetseite" (ebd. S. 16/17).

4.2.6

§ 4 MediationsG enthält die Regelung zur Verschwiegenheitspflicht einschließlich konkreter Ausnahmetatbestände für alle Mediatoren und die „in die Durchführung des Mediationsverfahrens eingebundenen Personen", zu denen „nur die Hilfspersonen des Mediators (z. B. Bürokräfte oder sonstige berufliche Gehilfen)" (ebd. S. 17) zählen. Deshalb sind Mediatoren und ihre Hilfskräfte in Zivilverfahren zeugnisverweigerungsberechtigt, § 383 Abs. 1 Nr. 6 ZPO.

§ 4 MediationsG

Verschwiegenheitspflicht

Der Mediator und die in die Durchführung des Mediationsverfahrens eingebundenen Personen sind zur Verschwiegenheit verpflichtet, soweit gesetzlich nichts anderes geregelt ist. Diese Pflicht bezieht sich auf alles, was ihnen in Ausübung ihrer Tätigkeit bekannt geworden ist. Ungeachtet anderer gesetzlicher Regelungen über die Verschwiegenheitspflicht gilt sie nicht, soweit

1. die Offenlegung des Inhalts der im Mediationsverfahren erzielten Vereinbarung zur Umsetzung oder Vollstreckung dieser Vereinbarung erforderlich ist,
2. die Offenlegung aus vorrangigen Gründen der öffentlichen Ordnung (ordre public) geboten ist, insbesondere um eine Gefährdung des Wohles eines Kindes oder eine schwerwiegende Beeinträchtigung der physischen oder psychischen Integrität einer Person abzuwenden, oder
3. es sich um Tatsachen handelt, die offenkundig sind oder ihrer Bedeutung nach keiner Geheimhaltung bedürfen. Der Mediator hat die Parteien über den Umfang seiner Verschwiegenheitspflicht zu informieren.

Der Schutz der Vertraulichkeit des Mediationsverfahrens wird für eine erfolgversprechende Mediation als ein zentraler Punkt angesehen, der dem Zweck einer offenen und lösungsorientierten Verhandlungsbereitschaft der Parteien dient – insbesondere auch mit Blick auf die Möglichkeit des Scheiterns der Mediation. Da die Bestimmung des § 4 MediationsG sich nicht an die beteiligten Parteien richtet, liegt es nahe, dass die Parteien – um dem Grundsatz der Vertraulichkeit

(§ 1 Abs. 1 MediationsG) explizit Rechnung zu tragen –, eine Vereinbarung über die Vertraulichkeit von im Rahmen der Mediation erlangte Informationen treffen (Verschwiegenheitsverpflichtung).

Von der Verschwiegenheitspflicht des Mediators sind gem. §4 S. 3 Nr. 1–3 MediationsG folgende Sachverhalte ausgenommen und eine Weitergabe der Information mithin erlaubt:

- (1.) Offenlegung der erzielten Vereinbarung, soweit dies zur Umsetzung oder Vollstreckung der Vereinbarung erforderlich ist,
- (2a.) Offenlegung, wenn die Verschwiegenheitspflicht zu „Ergebnissen führen würde, die mit den Grundwerten der deutschen Rechtsordnung nicht zu vereinbaren wären" (ebd. S. 17),
- (2b.) Offenlegung zur Abwendung einer Kindeswohlgefährdung bzw.
- (2c.) einer schwerwiegenden (physischen oder psychischen) Beeinträchtigung einer Person (zu 2b. und 2c. im Folgeabsatz),
- (3.) Offenlegung offenkundiger oder unbedeutender Tatsachen.

Im Hinblick auf die Durchbrechung der Verschwiegenheitspflicht zu Nr. 2b bzw. 2c. stellt die Gesetzesbegründung fest: „Insbesondere entfällt die Pflicht zur Verschwiegenheit, wenn in der Mediation eine Kindeswohlgefährdung zur Sprache gekommen ist, die sich nur durch Offenlegung, etwa gegenüber dem Jugendamt oder der Polizei, abwenden lässt. Die Voraussetzungen sind insoweit noch enger als die Eingriffsschwelle des § 1666 BGB. Das trägt dem Umstand Rechnung, dass Mediatorinnen und Mediatoren, anders als Familiengerichte, nicht in erster Linie dem Kindeswohl, sondern den Parteien verpflichtet sind. Auch schwerwiegende Beeinträchtigungen der physischen oder psychischen Integrität einer Person begründen eine Ausnahme von der Verschwiegenheitspflicht. Gemeint sind zum Beispiel Fälle der Misshandlung der anderen Mediationspartei. Die in § 4 Satz 3 Nummer 2 MediationsG geregelte Ausnahme von der Verschwiegenheitspflicht könnte darüber hinaus greifen, wenn Berufsgeheimnisträger (Personen, die einer Schweige- oder Geheimhaltungspflicht im Sinne des § 203 des Strafgesetzbuchs unterliegen) bei gewichtigen Anhaltspunkten für die Gefährdung eines Kindes oder eines Jugendlichen gesetzlich zur Offenlegung befugt sind. In beiden beispielhaft aufgeführten Fallgruppen des § 4 Satz 3 Nummer 2 MediationsG ist zusätzliche Voraussetzung für die Ausnahme von der Verschwiegenheitspflicht, dass die Offenbarung der in der Mediation zur Sprache gekommenen Tatsachen „geboten" ist. Dies ist nur dann der Fall, wenn sich die jeweilige Beeinträchtigung auf andere Weise als durch Offenbarung nicht abwenden lässt, insbesondere wenn die Mediation nicht zu einer effektiven und endgültigen Beendigung des Zustands führt bzw. wenn bei Kindeswohlgefährdungen die Eltern auch nach Hinweis auf die Gefährdungslage nicht bereit oder in der Lage sind, diese zu beseitigen. In geeigneten Fällen sollten die Mediatorinnen und Mediatoren auf die beabsichtigte Weitergabe von Informationen hinweisen, es sei denn, dass dadurch der Schutz des Kindes in Frage gestellt wird“ (ebd. S. 17).

Über seine Verschwiegenheitspflicht – Umfang und Ausnahmen – hat der Mediator die Parteien zu informieren, § 4 S. 3 MediationsG.

4.2.7

Das Gesetz unterscheidet zwischen einem „Mediator“ und einem „zertifizierten Mediator“, § 5 MediationsG. Als „zertifizierter Mediator“ gilt ein Mediator, der eine Ausbildung abgeschlossen hat, die die Ausbildungsstandards nach der entsprechend § 6 MediationsG gesondert erlassenen Rechtsverordnung erfüllt (BT-Drucks. 17/8058 S. 18).

§ 5 MediationsG

Aus- und Fortbildung des Mediators; zertifizierter Mediator

(1) Der Mediator stellt in eigener Verantwortung durch eine geeignete Ausbildung und eine regelmäßige Fortbildung sicher, dass er über theoretische Kenntnisse sowie praktische Erfahrungen verfügt, um die Parteien in sachkundiger Weise durch die Mediation führen zu können. Eine geeignete Ausbildung soll insbesondere vermitteln:

1. Kenntnisse über Grundlagen der Mediation sowie deren Ablauf und Rahmenbedingungen,
2. Verhandlungs- und Kommunikationstechniken,
3. Konfliktkompetenz,
4. Kenntnisse über das Recht der Mediation sowie über die Rolle des Rechts in der Mediation sowie
5. praktische Übungen, Rollenspiele und Supervision.

(2) Als zertifizierter Mediator darf sich bezeichnen, wer eine Ausbildung zum Mediator abgeschlossen hat, die den Anforderungen der Rechtsverordnung nach § 6 entspricht.

(3) Der zertifizierte Mediator hat sich entsprechend den Anforderungen der Rechtsverordnung nach § 6 fortzubilden.

(…)

Die Rechtsverordnung (Verordnung über die Aus- und Fortbildung von zertifizierten Mediatoren) wurde 2016 erlassen. Sie regelt gem. § 1 die Ausbildung zum zertifizierten Mediator (Nr. 1), die Fortbildung des zertifizierten Mediators (Nr. 2) sowie die Anforderungen an die Einrichtungen zur Aus- und Fortbildung nach den Nummern 1 und 2 (Nr. 3). Als zertifizierter Mediator darf sich nach § 2 Abs. 1 der Rechtsverordnung nur derjenige bezeichnen, der eine Ausbildung zum zertifizierten Mediator abgeschlossen hat.

Die Durchführung der Mediation als komplexes Konfliktlösungsverfahren bedarf einer kompetenten wie intensiven Ausbildung (ebd. S. 18). Der Gesetzgeber (Verordnungsgeber) hat deshalb – auf Wunsch des Bundesrates – aus Gründen der Qualitätssicherung und der Markttransparenz die Anforderungen an die Grundkenntnisse und Kernkompetenzen eines Mediators präzisiert, vgl. § 5 Abs. 1 MediationsG (ebd. S. 18). Nach dem Gesetz „stellt der Mediator in eigener Verantwortung" (§ 5 Abs. 1 MediationsG) die Erfüllung der im Gesetz genannten Voraussetzungen sicher, d. h., er ist selbst dafür verantwortlich, dass er die fraglichen Voraussetzungen als Mediator beherrscht – ist dies nicht der Fall (z. B. bei Verletzung gesetzlicher Pflichten), macht er sich u. U. schadensersatzpflichtig.

5. Mediation und Rechtsdienstleistung

Bloße Rechtsinformationen und das allgemeine Ansprechen von Regelungsmöglichkeiten im Rahmen der Mediation – ohne konkrete rechtliche Regelungsvorschläge für den Konflikt der Parteien – stellen keine erlaubnispflichtige Rechtsberatung dar. Eine solche obliegt den entsprechenden Berufen (z. B. Rechtsanwälten bzw. Notaren).

Die Abgrenzung von Mediation zur Rechtsdienstleistung ist in § 2 Abs. 3 Nr. 4 RDG konkret definiert (vgl. hierzu auch Kap. 3.2.4).

§ 2 RDG

Begriff der Rechtsdienstleistung

(1) Rechtsdienstleistung ist jede Tätigkeit in konkreten fremden Angelegenheiten, sobald sie eine rechtliche Prüfung des Einzelfalls erfordert.

(2) Rechtsdienstleistung ist, unabhängig vom Vorliegen der Voraussetzungen des Absatzes 1, die Einziehung fremder oder zum Zweck der Einziehung auf fremde Rechnung abgetretener Forderungen, wenn die Forderungseinziehung als eigenständiges Geschäft betrieben wird, einschließlich der auf die Einziehung bezogenen rechtlichen Prüfung und Beratung (Inkassodienstleistung). Abgetretene Forderungen gelten für den bisherigen Gläubiger nicht als fremd.

(3) Rechtsdienstleistung ist nicht:

1. die Erstattung wissenschaftlicher Gutachten,
2. die Tätigkeit von Einigungs- und Schlichtungsstellen, Schiedsrichterinnen und Schiedsrichtern,
3. die Erörterung der die Beschäftigten berührenden Rechtsfragen mit ihren gewählten Interessenvertretungen, soweit ein Zusammenhang zu den Aufgaben dieser Vertretungen besteht,
4. die Mediation und jede vergleichbare Form der alternativen Streitbeilegung, sofern die Tätigkeit nicht durch rechtliche Regelungsvorschläge in die Gespräche der Beteiligten eingreift,

5. die an die Allgemeinheit gerichtete Darstellung und Erörterung von Rechtsfragen und Rechtsfällen in den Medien,
6. die Erledigung von Rechtsangelegenheiten innerhalb verbundener Unternehmen (§ 15 des Aktiengesetzes).

„Greift der Mediator aber in die Gespräche der Beteiligten durch rechtliche Regelungsvorschläge ein, so ist diese Tätigkeit eine Rechtsdienstleistung und nicht mehr gem. § 2 Absatz 3 Nummer 4 RDG (…) insgesamt erlaubnisfrei (…). Sie kann dann im Einzelfall, z. B. wenn der rechtliche Regelungsvorschlag im Verhältnis zur Gesamtmediation nur einen Randbereich betrifft, nach § 5 RDG als rechtsdienstleistende Nebenleistung zulässig sein. Wird der Mediator beispielsweise bei der schriftlichen Abfassung der von den Parteien erarbeiteten Einigung als Protokollführer behilflich, liegt darin keine Rechtsdienstleistung. In die inhaltliche Abfassung der Abschlussvereinbarung darf er dagegen durch eigene rechtliche Regelungsvorschläge nur eingreifen, wenn die Grenzen des § 5 RDG eingehalten werden (…). Erlaubnisfrei ist z. B. in einer Familienmediation die Darstellung, welche Einkünfte und welche Belastungen der Berechtigten und der Pflichtigen bei der Berechnung eines Unterhaltsanspruchs grundsätzlich zu berücksichtigen sind (Darstellung der Düsseldorfer Tabelle und der Unterhaltsgrundsätze der Oberlandesgerichte). Dagegen liegt eine erlaubnispflichtige Rechtsdienstleistung vor, wenn der Mediator anhand der mitgeteilten Einkünfte und Belastungen eine Bewertung der einzelnen Positionen und eine Berechnung der Unterhaltsansprüche für den konkreten Fall vornimmt“ (BT-Drucks. 17/5335 S. 15/16).

§ 5 RDG

Rechtsdienstleistungen im Zusammenhang mit einer anderen Tätigkeit

(1) Erlaubt sind Rechtsdienstleistungen im Zusammenhang mit einer anderen Tätigkeit, wenn sie als Nebenleistung zum Berufs- oder Tätigkeitsbild gehören. Ob eine Nebenleistung vorliegt, ist nach ihrem Inhalt, Umfang und sachlichen Zusammenhang mit der Haupttätigkeit unter Berücksichtigung der Rechtskenntnisse zu beurteilen, die für die Haupttätigkeit erforderlich sind. Andere Tätigkeit im Sinne des Satzes 1 kann auch eine andere Rechtsdienstleistung sein.

(2) Als erlaubte Nebenleistungen gelten Rechtsdienstleistungen, die im Zusammenhang mit einer der folgenden Tätigkeiten erbracht werden:
1. Testamentsvollstreckung,
2. Haus- und Wohnungsverwaltung,
3. Fördermittelberatung.

6. Verfahrensrechtliche Änderungen durch das Gesetz zur Förderung der Mediation und anderer Verfahren der außergerichtlichen Konfliktbeilegung

Mit der Verabschiedung dieses (Artikel-)Gesetzes (2012) waren (erneut) weitergehende verfahrensrechtliche Neuerungen verbunden, mit denen die einvernehmliche Konfliktbeilegung auf eine ausdrückliche rechtliche Grundlage gestellt wurde – und zwar namentlich in Familiensachen, weil die einvernehmliche Konfliktbeilegung in diesem Bereich als „praktisch besonders bedeutsam" angesehen wurde (BT-Drucks. 17/5335 S. 22).

6.1

Durch den in § 23 Abs. 1 FamFG neu eingefügten Satz 3 sollen sich die Beteiligten dazu äußern, ob sie sich „in geeigneten Fällen" vor der Antragstellung mit dem Versuch einer Mediation oder eines anderen Verfahrens zur außergerichtlichen Beilegung des Konfliktes befasst haben und ob bzw. wie sie den der Antragstellung zugrundeliegenden Konflikt außergerichtlich beilegen können und ob einem solchen Verfahren Gründe entgegenstehen.

> **§ 23 FamFG**
> **Verfahrenseinleitender Antrag**
> (1) Ein verfahrenseinleitender Antrag soll begründet werden. In dem Antrag sollen die zur Begründung dienenden Tatsachen und Beweismittel angegeben sowie die Personen benannt werden, die als Beteiligte in Betracht kommen. Der Antrag soll in geeigneten Fällen die Angabe enthalten, ob der Antragstellung der Versuch einer Mediation oder eines anderen Verfahrens der außergerichtlichen Konfliktbeilegung vorausgegangen ist, sowie eine Äußerung dazu, ob einem solchen Verfahren Gründe entgegenstehen. Urkunden, auf die Bezug genommen wird, sollen in Urschrift oder Abschrift beigefügt werden. Der Antrag soll von dem Antragsteller oder seinem Bevollmächtigten unterschrieben werden.
> ...

Mit der fraglichen Erklärung erhält das Gericht darüber Einblick, ob einvernehmliche Konfliktlösungen bereits im Vorfeld des gerichtlichen Verfahrens in Betracht gezogen wurden und ob einer solchen außergerichtlichen Konfliktbeilegung im gerichtlichen Verfahren Hinderungsgründe entgegenstehen. Die Gesetzesbegründung führt insoweit (allerdings im Zusammenhang mit der inhaltsgleichen Neuregelung für den Klageantrag nach § 253 Abs. 3 ZPO durch das hier in Rede stehende Gesetz) aus: „Die Neufassung des § 253 Absatz 3 ZPO dient dem Ziel, die Mediation und die außergerichtliche Konfliktbeilegung stärker im Bewusstsein der Bevölkerung und in der Beratungspraxis der Rechtsanwaltschaft zu verankern. Dementsprechend hat der 67. DJT 2008 beschlossen, dass die in der Rechtspflege tätigen Berufsangehörigen über das gesamte Spektrum der verfügbaren Konfliktlösungsverfahren im konkreten Einzelfall informieren sollen (...). Spätestens beim Abfassen der Klageschrift sollen sich die Parteien und deren Rechtsanwältinnen und Rechtsanwälte daher mit der Frage auseinandersetzen, ob und wie sie den der beabsichtigten Klageerhebung zugrundeliegenden Konflikt außergerichtlich beilegen können. Dies soll dem Gericht in der Klageschrift mitgeteilt werden. § 253 Absatz 3 Nummer 1 ZPO betont damit die ohnehin nach § 1 Absatz 3 BORA bestehende Verpflichtung der Rechtsanwältinnen und Rechtsanwälte, ihre Mandantschaft konfliktvermeidend und streitschlichtend zu begleiten" (BT-Drucks. 17/5335 S. 20).

Die Antragsangaben sind nur „in geeigneten Fällen" zu machen, in denen eine Mediation oder ein anderes Verfahren der außergerichtlichen Konfliktbeilegung grundsätzlich in Betracht kommt. Verfahren wie Adoptionssachen oder Abstammungssachen, die nicht der Dispositionsbefugnis der Beteiligten unterliegen, scheiden damit für eine Mediation oder eine außergerichtliche Konfliktbeilegung grundsätzlich aus – dagegen eignen sich für solche Verfahren insbesondere bestimmte Kindschaftssachen wie z. B. Verfahren über die elterliche Sorge oder das Umgangsrecht (ebd. S. 22).

6.2

Der neu eingefügte § 36a FamFG ermöglicht es dem Gericht, einzelnen oder allen Beteiligten – insbesondere in den in diesem Kontext interessierenden Kindschaftssachen der elterlichen Sorge, des Umgangsrechts einschließlich des Auskunftsrechts über die persönlichen Verhältnisse des Kindes sowie der Kindesherausgabe (§ 151 Nr. 1–3 FamFG) – eine Mediation oder ein anderes Verfahren der außergerichtlichen Konfliktbeilegung vorzuschlagen. Wegen des (weiten) Beteiligtenbegriffs des § 7 FamFG kann Beteiligter i. S. der Regelung auch das Jugendamt – soweit es einen Antrag nach § 162 Abs. 2 FamFG gestellt hat – sein, weiterhin auch der Verfahrensbeistand gem. § 158 FamFG, um die gesetzlich geforderte Wahrung der Interessen des Kindes sicher zu stellen (Dutta/Jacoby/Schwab/Bartels § 36a RN 11 – einschränkend mit Blick auf das Jugendamt).

§ 36a FamFG

Mediation, außergerichtliche Konfliktbeilegung

(1) Das Gericht kann einzelnen oder allen Beteiligten eine Mediation oder ein anderes Verfahren der außergerichtlichen Konfliktbeilegung vorschlagen. In Gewaltschutzsachen sind die schutzwürdigen Belange der von Gewalt betroffenen Person zu wahren.
(2) Entscheiden sich die Beteiligten zur Durchführung einer Mediation oder eines anderen Verfahrens der außergerichtlichen Konfliktbeilegung, setzt das Gericht das Verfahren aus.

(3) Gerichtliche Anordnungs- und Genehmigungsvorbehalte bleiben von der Durchführung einer Mediation oder eines anderen Verfahrens der außergerichtlichen Konfliktbeilegung unberührt.

Der Vorschlag steht im pflichtgemäßen Ermessen des Gerichts und erfolgt situationsangemessen ohne Zeit- oder Formerfordernisse. Entscheidender Gesichtspunkt ist die Einschätzung, ob und inwieweit „vielschichtige, kaum durch das Verfahren lösbare Konflikte bestehen und ob ein Verfahren der außergerichtlichen Konfliktbeilegung vielversprechend“ ist (ebd. § 36a RN 1 und 3 mit Verweis auf MünchKomm/Ulrici, FamFG sowie § 36a RN 4 m. w. N.). Die Beteiligten sind nicht verpflichtet, dem Vorschlag des Gerichts nachzukommen, sie sind vielmehr in jeder Hinsicht frei, ob sie an einem Verfahren der Konfliktbeilegung teilnehmen wollen.

Als Verfahren der außergerichtlichen Konfliktbeilegung kommen neben der Mediation u. a. auch Vermittlungsverfahren durch das Jugendamt gem. § 17 SGB VIII oder durch Beratungsstellen nach § 18 SGB VIII in Betracht.

§ 17 SGB VIII

Beratung in Fragen der Partnerschaft, Trennung und Scheidung

(1) Mütter und Väter haben im Rahmen der Jugendhilfe Anspruch auf Beratung in Fragen der Partnerschaft, wenn sie für ein Kind oder einen Jugendlichen zu sorgen haben oder tatsächlich sorgen. Die Beratung soll helfen,

1. ein partnerschaftliches Zusammenleben in der Familie aufzubauen,
2. Konflikte und Krisen in der Familie zu bewältigen,
3. im Fall der Trennung oder Scheidung die Bedingungen für eine dem Wohl des Kindes oder des Jugendlichen förderliche Wahrnehmung der Elternverantwortung zu schaffen.

(2) Im Fall der Trennung und Scheidung sind Eltern unter angemessener Beteiligung des betroffenen Kindes oder Jugendlichen bei der Entwicklung eines einvernehmlichen Konzepts für die Wahrnehmung der elterlichen Sorge und der elterlichen Verantwortung zu unterstützen; dieses Konzept kann auch als Grundlage für einen Vergleich oder eine gerichtliche Entscheidung im familiengerichtlichen Verfahren dienen.

(3) Die Gerichte teilen die Rechtshängigkeit von Scheidungssachen, wenn gemeinschaftliche minderjährige Kinder vorhanden sind, sowie Namen und Anschriften der beteiligten Eheleute und Kinder dem Jugendamt mit, damit dieses die Eltern über das Leistungsangebot der Jugendhilfe nach Absatz 2 unterrichtet.

§18 SGB VIII
Beratung und Unterstützung bei der Ausübung der Personensorge und des Umgangsrechts

(1) Mütter und Väter, die allein für ein Kind oder einen Jugendlichen zu sorgen haben oder tatsächlich sorgen, haben Anspruch auf Beratung und Unterstützung

1. bei der Ausübung der Personensorge einschließlich der Geltendmachung von Unterhalts- oder Unterhaltsersatzansprüchen des Kindes oder Jugendlichen,
2. bei der Geltendmachung ihrer Unterhaltsansprüche nach §1615l des Bürgerlichen Gesetzbuchs.

(2) Mütter und Väter, die mit dem anderen Elternteil nicht verheiratet sind, haben Anspruch auf Beratung über die Abgabe einer Sorgeerklärung und die Möglichkeit der gerichtlichen Übertragung der gemeinsamen elterlichen Sorge.

(3) Kinder und Jugendliche haben Anspruch auf Beratung und Unterstützung bei der Ausübung des Umgangsrechts nach §1684 Absatz 1 des Bürgerlichen Gesetzbuchs. Sie sollen darin unterstützt werden, dass die Personen, die nach Maßgabe der §§ 1684, 1685 und 1686a des Bürgerlichen Gesetzbuchs zum Umgang mit ihnen berechtigt sind, von diesem Recht zu ihrem Wohl Gebrauch machen. Eltern, andere Umgangsberechtigte sowie Personen, in deren Obhut sich das Kind befindet, haben Anspruch auf Beratung und Unterstützung bei der Ausübung des Umgangsrechts. Bei der Befugnis, Auskunft über die persönlichen Verhältnisse des Kindes zu verlangen, bei der Herstellung von Umgangskontakten und bei der Ausführung gerichtlicher oder vereinbarter Umgangsregelungen soll vermittelt und in geeigneten Fällen Hilfestellung geleistet werden.

(4) Ein junger Volljähriger hat bis zur Vollendung des 21. Lebensjahres Anspruch auf Beratung und Unterstützung bei der Geltendmachung von Unterhalts- oder Unterhaltsersatzansprüchen.

Der Vorschlag zur Mediation oder zu einem anderen Verfahren der außergerichtlichen Konfliktbeilegung macht im Prinzip letztlich nur Sinn, wenn bzw. soweit die Beteiligten über den Verfahrensgegenstand disponieren können. Gem. § 36a Abs. 3 FamFG ist nämlich klargestellt, dass gerichtliche Anordnungs- und Genehmigungsvorbehalte von einer Mediation oder einem außergerichtlichen Konfliktbeilegungsverfahrens unberührt bleiben. Hierzu heißt es in der Gesetzesbegründung:

„Durch § 36a Absatz 3 FamFG wird klargestellt, dass die Durchführung einer Mediation oder eines anderen Verfahrens der außergerichtlichen Konfliktbeilegung keinen Einfluss auf die Dispositionsbefugnis der Beteiligten hat. Die Regelung des § 36a Absatz 3 FamFG gilt beispielsweise für Entscheidungen des Gerichts nach § 1671 oder nach § 1666 BGB bei Gefährdung des Kindeswohls sowie für den Vorbehalt der gerichtlichen Billigung nach § 156 Absatz 2 Satz 2 FamFG, wenn Eltern über den Umgang mit einem Kind Einvernehmen erzielen. Um eine gerichtliche Anordnung oder Genehmigung im Sinne von § 36a

Absatz 3 FamFG zu erleichtern, können die Beteiligten dem Mediator erlauben, dem entscheidungsbefugten Richter die Gründe für die in der Mediation getroffene Vereinbarung mitzuteilen“ (BT-Drucks. 17/5335 S. 23).

In aller Regel bietet sich daher ein entsprechender Vorschlag nicht in Amtsverfahren (z. B. §§ 1666, 1666a BGB), sondern lediglich bei Antragsverfahren an. Kommt es einvernehmlich zur Durchführung eines der genannten Verfahren, wird das gerichtliche Verfahren ausgesetzt, § 36a Abs. 3 FamFG.

6.3

Während des Gesetzgebungsverfahrens entschied sich der Gesetzgeber im Interesse einer klaren gesetzlichen Abgrenzung der richterlichen Streitschlichtung von der Mediation für ein erheblich erweitertes Güterichterkonzept, um die seinerzeit praktizierten unterschiedlichen Modelle der gerichtsinternen Mediation (sog. Güterichtermodelle) in einzelnen Bundesländern auf eine ausdrückliche gesetzliche Grundlage zu stellen (BT-Drucks. 17/8058 S. 1, 21). In diesem Zusammenhang wurde (in dem hier interessierenden Kontext) § 36 Abs. 5 FamFG neu eingefügt. Den Beteiligten steht mit dieser Regelung – ergänzend zu den in § 36a Abs. 1 FamFG genannten Verfahren der Mediation und anderen Verfahren der außergerichtlichen Konfliktbeilegung – eine weitere Option zur Verfügung, den bei Gericht anhängigen Konflikt einvernehmlich zu lösen, soweit der Verfahrensgegenstand zu ihrer Disposition steht (ebd. S. 22).

§ 36 FamFG

Vergleich

(1) Die Beteiligten können einen Vergleich schließen, soweit sie über den Gegenstand des Verfahrens verfügen können. Das Gericht soll außer in Gewaltschutzsachen auf eine gütliche Einigung der Beteiligten hinwirken.
(2) Kommt eine Einigung im Termin zustande, ist hierüber eine Niederschrift anzufertigen. Die Vorschriften der Zivilprozessordnung über die Niederschrift des Vergleichs sind entsprechend anzuwenden.
(3) Ein nach Absatz 1 Satz 1 zulässiger Vergleich kann auch schriftlich entsprechend § 278 Abs. 6 der Zivilprozessordnung geschlossen werden.
(4) Unrichtigkeiten in der Niederschrift oder in dem Beschluss über den Vergleich können entsprechend § 164 der Zivilprozessordnung berichtigt werden.
(5) Das Gericht kann die Beteiligten für den Versuch einer gütlichen Einigung vor einen hierfür bestimmten und nicht entscheidungsbefugten Richter (Güterichter) verweisen. Der Güterichter kann alle Methoden der Konfliktbeilegung einschließlich der Mediation einsetzen. Für das Verfahren vor dem Güterichter gelten die Absätze 1 bis 4 entsprechend.

Mit der Neufassung wurde im Ergebnis eine weitere Rechtsgrundlage für eine Konfliktbeilegung im Rahmen anhängiger gerichtlicher Verfahren durch einen Güterichter geschaffen, der als ersuchter Richter nicht nur an demselben Gericht, sondern auch an einem anderen Gericht tätig sein kann. Die Wahrnehmung der Aufgaben in der Eigenschaft als Güterichter gehört zu den im Geschäftsverteilungsplan des Gerichts zu regelnden Geschäften (vgl. § 21e Abs. 1 S. 1 GVG).

Die Durchführung einer Güteverhandlung setzt voraus, dass sie aussichtsreich ist. Dies ist nur dann der Fall, „wenn die Parteien für eine einvernehmliche Konfliktlösung offen und deshalb grundsätzlich bereit sind, sich auf ein solches Verfahren einzulassen. Vor diesem Hintergrund kommt der Verweis vor einen zur Durchführung einer Güteverhandlung bereiten Güterichter nur mit Einverständnis der Parteien in Betracht" (ebd. S. 21).

Wie das Gesetz ausdrücklich hervorhebt, darf der Güterichter nicht entscheidungsbefugt sein. Eine Güteverhandlung wird im Prinzip nur dann für sinnvoll gehalten, wenn die Beteiligten über den Verfahrensgegenstand i. S. v. § 36 Abs. 1 S. 1 FamFG disponieren können (Dutta/Jacoby/Schwab/Bartels § 36 RN 79). Das Güterichterverfahren ist vertraulich, weshalb ein Vermerk über die Güteverhandlung nach § 28 Abs. 4 S. 3 FamFG nur anzufertigen ist, wenn alle Beteiligten hiermit einverstanden sind.

§ 28 FamFG
Verfahrensleitung

…

(4) Über Termine und persönliche Anhörungen hat das Gericht einen Vermerk zu fertigen; für die Niederschrift des Vermerks kann ein Urkundsbeamter der Geschäftsstelle hinzugezogen werden, wenn dies auf Grund des zu erwartenden Umfangs des Vermerks, in Anbetracht der Schwierigkeit der Sache oder aus einem sonstigen wichtigen Grund erforderlich ist. In den Vermerk sind die wesentlichen Vorgänge des Termins und der persönlichen Anhörung aufzunehmen. Über den Versuch einer gütlichen Einigung vor einem Güterichter nach § 36 Absatz 5 wird ein Vermerk nur angefertigt, wenn alle Beteiligten sich einverstanden erklären. Die Herstellung durch Aufzeichnung auf Datenträger in der Form des § 14 Abs. 3 ist möglich.

Die Durchführung der Güteverhandlung liegt im Ermessen des Güterichters, der alle Methoden der Konfliktbeilegung einschließlich der Mediation einsetzen kann, § 36 Abs. 5 S. 2 FamFG. Der Güterichter wird in hoheitlichem Rahmen tätig und unterliegt damit der Gesetzesbindung als Richter mit allen richterlichen Rechten und Pflichten (ebd. § 36 RN 86 m. w. N.). Kommt es zu einer Einigung der Parteien, können die Parteien vor dem Güterichter einen entsprechenden Vergleich schließen, der zugleich einen Vollstreckungstitel nach § 794 Abs. 1 Nr. 1 ZPO darstellt. Der Güterichter ist ferner befugt, Verfahrensanträge (z. B. Antragsrücknahme) wirksam entgegenzunehmen (ebd. RN 93, 94).

Nach Abschluss des Güterichterverfahrens prüft das erkennende Gericht – also das Gericht, bei dem die Familiensache anhängig ist und welches das Verfahren zur Güteverhandlung an den Güterichter verwiesen hat –, ob das Verfahren durch die Einigung in Gänze beendet ist. Bei einer Einigung über den Umgang mit dem Kind oder über die Herausgabe des Kindes, hat das erkennende Gericht festzustellen, ob der Vergleich gerichtlich gebilligt werden kann (vgl. § 156 Abs. 2 FamFG). In Kindschaftssachen nach § 151 FamFG hat das erkennende Gericht nach eigenem Ermessen und unabhängig von der elterlichen Einigung zu beurteilen, inwieweit die elterliche Vereinbarung dem Kindeswohl entspricht – es sei denn, das Gericht ist an den elterlichen Konsens gebunden, vgl. § 1671 Abs. 1 S. 2 Nr. 1 sowie Abs. 2 S. 2 Nr. 1 BGB (ebd. § 36 RN 96).

6.4

Wesentliche Änderungen ergaben sich durch die Neuregelungen zu § 156 FamFG im Hinblick auf die Informationsmöglichkeiten und -pflichten der beteiligten Eltern zur Mediation und außergerichtlichen Konfliktbeilegung.

§ 156 FamFG

Hinwirken auf Einvernehmen

(1) Das Gericht soll in Kindschaftssachen, die die elterliche Sorge bei Trennung und Scheidung, den Aufenthalt des Kindes, das Umgangsrecht oder die Herausgabe des Kindes betreffen, in jeder Lage des Verfahrens auf ein Einvernehmen der Beteiligten hinwirken, wenn dies dem Kindeswohl nicht widerspricht. Es weist auf Möglichkeiten der Beratung durch die Beratungsstellen und -dienste der Träger der Kinder- und Jugendhilfe insbesondere zur Entwicklung eines einvernehmlichen Konzepts für die Wahrnehmung der elterlichen Sorge und der elterlichen Verantwortung hin. Das Gericht kann anordnen, dass die Eltern einzeln oder gemeinsam an einem kostenfreien Informationsgespräch über Mediation oder über eine sonstige Möglichkeit der außergerichtlichen Konfliktbeilegung bei einer von dem Gericht benannten Person oder Stelle teilnehmen und eine Bestätigung hierüber vorlegen. Es kann ferner anordnen, dass die Eltern an einer Beratung nach Satz 2 teilnehmen. Die Anordnungen nach den Sätzen 3 und 4 sind nicht selbständig anfechtbar und nicht mit Zwangsmitteln durchsetzbar.

(2) Erzielen die Beteiligten Einvernehmen über den Umgang oder die Herausgabe des Kindes, ist die einvernehmliche Regelung als Vergleich aufzunehmen, wenn das Gericht diese billigt (gerichtlich gebilligter Vergleich). Das Gericht billigt die Umgangsregelung, wenn sie dem Kindeswohl nicht widerspricht.

(3) Kann in Kindschaftssachen, die den Aufenthalt des Kindes, das Umgangsrecht oder die Herausgabe des Kindes betreffen, eine einvernehmliche Regelung im Termin nach § 155 Abs. 2 nicht erreicht werden, hat das Gericht mit den Beteiligten und dem Jugendamt den Erlass einer einstweiligen Anordnung zu erörtern. Wird die Teilnahme an einer Beratung, an einem kostenfreien Informationsgespräch über Mediation oder einer sonstigen Möglichkeit

der außergerichtlichen Konfliktbeilegung oder eine schriftliche Begutachtung angeordnet, soll das Gericht in Kindschaftssachen, die das Umgangsrecht betreffen, den Umgang durch einstweilige Anordnung regeln oder ausschließen. Das Gericht soll das Kind vor dem Erlass einer einstweiligen Anordnung persönlich anhören

Hierzu führt die Gesetzesbegründung aus: „Aufgrund der Änderung des § 156 Absatz 1 Satz 3 FamFG können die Familiengerichte nunmehr auch in Kindschaftssachen – etwa bei elterlichem Streit um das Sorge- und Umgangsrecht – anordnen, dass die Eltern einzeln oder gemeinsam an einem kostenfreien Informationsgespräch über Mediation oder über eine sonstige Möglichkeit der außergerichtlichen Konfliktbeilegung teilnehmen. Hierdurch wird die bisher unterschiedliche und nicht sachgerechte Behandlung von Kindschaftssachen einerseits und Scheidungs- und Folgesachen andererseits aufgehoben. Die neue Regelung des § 156 Absatz 1 Satz 3 FamFG entspricht nun der für Scheidungs- und Folgesachen geltenden Vorschrift des § 135 Satz 1 FamFG. Die Familiengerichte können auf die örtlichen Gegebenheiten Rücksicht nehmen und sowohl private Mediationsangebote als auch Mediationsangebote freier und öffentlicher Träger berücksichtigen. Die Regelung des § 156 Absatz 1 Satz 3 FamFG, nach der lediglich eine Teilnahme an einem kostenfreien Informationsgespräch angeordnet werden kann, ist mit dem Prinzip der Freiwilligkeit der Mediation vereinbar. Das Informationsgespräch soll die Eltern darüber informieren, was Mediation ist und welche Möglichkeiten der Konfliktlösung dieses Verfahren bietet. Aufgrund des Informationsgesprächs sollen insbesondere Eltern, deren Kinder in einen Elternstreit einbezogen sind, eine informierte Entscheidung treffen können, ob sie sich freiwillig für eine Mediation entscheiden und in diesem Verfahren eine Einigung erzielen wollen (vgl. dazu: Marx, ZKJ 9/2010, S. 304f. m. w. N.). Die Ersetzung des Wortes ‚Streitbeilegung' durch das Wort ‚Konfliktbeilegung' in § 156 Absatz 1 Satz 3 FamFG dient der Vereinheitlichung des Sprachgebrauchs in den einzelnen betroffenen Gesetzen“ (BT-Drucks. 17/5335 S. 24).

Weiter heißt es: „Auch die Änderung des § 156 Absatz 3 Satz 2 FamFG trägt dem Vorrang- und Beschleunigungsgebot des § 155 FamFG Rechnung. Die schon bislang bestehende Verpflichtung des Gerichts, in Umgangsrechtsstreitigkeiten bei Anordnung der Teilnahme an einer Beratung oder einer schriftlichen Begutachtung eine einstweilige Anordnung zu erlassen, wird auf Fälle der außergerichtlichen Konfliktbeilegung oder (…) Mediation ausgedehnt“ (ebd.).

Der bereits mit dem FamFG (2009) eingeführte Satz 4 des § 156 FamFG, mit dem die Eltern durch das Gericht verbindlich zu einer Teilnahme an einer Beratung durch die Beratungsstellen und -dienste der Träger der Jugendhilfe verpflichtet werden können, wenn es Eltern im Termin nicht gelingt, Einvernehmen über die Regelung der sorge- und umgangsrechen Fragen zu erreichen, blieb erhalten (BT-Drucks. 16/6308 S. 237).

6.5

Weitere Änderungen durch das hier erörterte Gesetz erfolgten im Hinblick auf die Möglichkeit, einem Beteiligten die Kosten des Verfahrens für den Fall aufzuerlegen, dass er unentschuldigt einer richterlichen Anordnung zur Teilnahme an einem kostenfreien Informationsgespräch über Mediation/außergerichtliche Konfliktbeilegung oder einer Beratung nicht nachgekommen ist, § 81 Abs. 2 Nr. 5 FamFG.

§ 81 FamFG
Grundsatz der Kostenpflicht

…

(2) Das Gericht soll die Kosten des Verfahrens ganz oder teilweise einem Beteiligten auferlegen, wenn

1. der Beteiligte durch grobes Verschulden Anlass für das Verfahren gegeben hat;
2. der Antrag des Beteiligten von vornherein keine Aussicht auf Erfolg hatte und der Beteiligte dies erkennen musste;
3. der Beteiligte zu einer wesentlichen Tatsache schuldhaft unwahre Angaben gemacht hat;
4. der Beteiligte durch schuldhaftes Verletzen seiner Mitwirkungspflichten das Verfahren erheblich verzögert hat;
5. der Beteiligte einer richterlichen Anordnung zur Teilnahme an einem kostenfreien Informationsgespräch über Mediation oder über eine sonstige Möglichkeit der außergerichtlichen Konfliktbeilegung nach § 156 Absatz 1 Satz 3 oder einer richterlichen Anordnung zur Teilnahme an einer Beratung nach § 156 Absatz 1 Satz 4 nicht nachgekommen ist, sofern der Beteiligte dies nicht genügend entschuldigt hat.

…

Der Gesetzgeber sah hierin eine erweiterte Möglichkeit für das Familiengericht, zur Förderung einer konsensualen Konfliktbeilegung bestimmten Beteiligten die Verpflichtung zur Einholung von Informationen (als eine besondere Form der Mitwirkung) aufzuerlegen, deren Nichteinhaltung mit einer Kostensanktion belegt werden kann (BT-Drucks. 17/5335 S. 23).

Zur Vereinheitlichung des Sprachgebrauchs wurde ferner das Wort „Streitbeilegung“ (§ 135 S. 1 FamFG) durch das Wort „Konfliktbeilegung“ ersetzt.

Schließlich wurde § 155 Abs. 4 FamFG neu angefügt, um das in Kindschaftssachen geltende Vorrang- und Beschleunigungsgebot zu wahren. Hierzu heißt es in der Gesetzesbegründung: (Die Neuregelung) „stellt sicher, dass Verfahren, die wegen einer vom Gericht vorgeschlagenen außergerichtlichen Konfliktbeilegung (…) oder Mediation ausgesetzt worden sind, in der Hauptsache zeitnah weiter betrieben werden. Die Hauptsache soll unabhängig von einer gegebenenfalls nach § 156 Absatz 3 Satz 2 FamFG erlassenen einstweiligen Anordnung in der Regel nach drei Monaten wiederaufgenommen werden. Die Regelung der

Wiederaufnahme des Verfahrens als Regelfall eröffnet zugleich die Möglichkeit, in einzelnen Fällen der außergerichtlichen Konfliktbeilegung oder der (...) Mediation mehr Zeit einzuräumen“ (ebd.).

7. Die Verordnung über die Zuständigkeit, die Anerkennung und Vollstreckung von Entscheidungen in Ehesachen und in Verfahren betreffend die elterliche Verantwortung und über internationale Kindesentführungen („Brüssel IIb-Verordnung“)

7.1

Die sog. Brüssel IIb-Verordnung vom 25.06.2019 trat zum 01.08.2022 in Kraft. Sie gilt u. a. für am oder nach dem 01.08.2022 eingeleitete (internationale) gerichtliche Verfahren und ersetzt insoweit die vormalige Brüssel IIa-Verordnung – letztere gilt jedoch noch für Altfälle. Während die bisherige Brüssel IIa-Verordnung keine Aussagen zu Streit- bzw. Konfliktbeilegungsverfahren enthielt, ergeben sich nunmehr hierzu präzise Regelungen. So heißt es in den sog. Erwägungsgründen zu der Verordnung (Nr. 43):

> „In allen Fällen, die Kinder betreffen, insbesondere in Fällen internationaler Kindesentführung, sollten die Gerichte die Möglichkeit der Herbeiführung einer Lösung durch Mediation oder andere geeignete Mittel prüfen und dabei gegebenenfalls auf die Unterstützung durch bestehende Netzwerke und Unterstützungsstrukturen für Mediation in grenzüberschreitenden Streitigkeiten über die elterliche Verantwortung zurückgreifen. Solche Bemühungen dürfen jedoch die Rückgabeverfahren nach dem Haager Übereinkommen von 1980 nicht über Gebühr in die Länge ziehen. Außerdem dürfte Mediation nicht immer angezeigt sein, insbesondere in Fällen häuslicher Gewalt. Einigen sich die Eltern im Laufe eines Rückgabeverfahrens nach dem Haager Übereinkommen von 1980 über die Rückgabe oder Nichtrückgabe des Kindes, und auch über Verfahren betreffend die elterliche Verantwortung, so sollte diese Verordnung ihnen unter bestimmten Umständen ermöglichen, zu vereinbaren, dass das nach dem Haager Übereinkommen von 1980 befasste Gericht dafür zuständig sein sollte, ihrer Vereinbarung Rechtswirkung zu verleihen, indem es sie in eine Entscheidung aufnimmt, billigt oder auf eine andere in den nationalen Rechtsvorschriften und Verfahren vorgesehene Form zurückgreift. Die Mitgliedstaaten, die die Zuständigkeit konzentriert haben, sollten daher in Erwägung ziehen, das mit dem Rückgabeverfahren nach dem Haager Übereinkommen von 1980 befasste Gericht in die Lage zu versetzen, auch die Zuständigkeit in Verfahren betreffend die elterliche Verantwortung wahrzunehmen, auf die sich die Parteien gemäß dieser Verordnung geeinigt oder die sie anerkannt haben, sofern im Laufe dieses Rückgabeverfahrens eine Vereinbarung zwischen den Parteien zustande gekommen ist.“

Erstmalig wird damit in diesem (internationalen) Rechtsrahmen „die Möglichkeit der Herbeiführung einer Lösung durch Mediation oder andere geeignete Mittel“ ausdrücklich erwähnt und hervorgehoben, dass die Gerichte insoweit „in allen Fällen, die Kinder betreffen, insbesondere in Fällen internationaler Kindesentführung“ entsprechende Prüfungen vornehmen und dabei „gegebenenfalls auf die Unterstützung durch bestehende Netzwerke und Unterstützungsstrukturen für Mediation in grenzüberschreitenden Streitigkeiten über die elterliche Verantwortung zurückgreifen (sollen)“. Allerdings enthält der Erwägungsgrund zwei Einschränkungen: Zum einen dürfen die Bemühungen um eine einverständliche Lösung das Rückgabeverfahren nach dem Haager Übereinkommen nicht „über Gebühr in die Länge ziehen“. Hierbei ist zu beachten, dass die Brüssel IIb-Verordnung klare gesetzliche zeitliche Vorgaben für das Handeln der beteiligten Behörden macht. Zum anderen wird in Fällen der häuslichen Gewalt in Frage gestellt, inwieweit Mediation bei einer solchen Konfliktintensität angebracht erscheint, was m. a. W. bedeutet, dass insoweit ergänzende Überlegungen anzustellen sind, ob und inwieweit konfliktvermeidende Verfahren in der konkreten Situation sinnvoll und zumutbar sind. Kommt es im Rahmen des Rückgabeverfahrens (oder in einem anderen Verfahren betreffend die elterliche Verantwortung) zu einer Einigung, sieht die Verordnung schließlich vor, dass das nach dem Haager Übereinkommen befasste Gericht auch zuständig dafür ist, dass der elterlichen Vereinbarung „Rechtswirkung verliehen wird“, d. h., dass dieses Gericht die elterliche Einigung in eine Entscheidung aufnimmt, die Einigung billigt oder auf eine andere in den nationalen Rechtsvorschriften und Verfahren vorgesehene Form zurückgreift.

7.2

Zur zeitlichen Vorgabe heißt es im Erwägungsgrund Nr. 40 zunächst (eher allgemein):

> „Bei widerrechtlichem Verbringen oder Zurückhalten eines Kindes sollte dessen Rückgabe unverzüglich erwirkt werden, und zu diesem Zweck sollte das Haager Übereinkommen von 1980, das durch diese Verordnung und insbesondere des Kapitels III ergänzt wird, weiterhin Anwendung finden.“

Im Hinblick auf das Haager Übereinkommen – und mit Blick auf alternative Streitbeilegungsverfahren – werden die Zeitvorgaben allerdings konkret:

> „In Rückgabeverfahren nach dem Haager Übereinkommen von 1980 sollten die Gerichte jeder Instanz ihre Entscheidung binnen sechs Wochen treffen, es sei denn, dass dies aufgrund außergewöhnlicher Umstände nicht möglich ist. Der Rückgriff auf alternative Streitbeilegungsverfahren sollte nicht als außergewöhnlicher Umstand

> betrachtet werden, der eine Überschreitung der Frist rechtfertigt. Im Laufe dieser Verfahren oder als deren Folge können jedoch außergewöhnliche Umstände eintreten. Für ein Gericht erster Instanz sollte die Frist mit dem Zeitpunkt beginnen, zu dem das Gericht angerufen wurde. Für ein Gericht höherer Instanz sollte sie mit dem Zeitpunkt beginnen, zu dem alle erforderlichen Verfahrensschritte unternommen worden sind. (...)"

Dies bedeutet, dass – soweit keine außergewöhnlichen Umstände vorliegen – die Gerichte (in jeder Instanz!) binnen sechs Wochen im jeweiligen Rückgabeverfahren entscheiden sollen, und zwar einschließlich eines etwaigen Streitbeilegungsverfahrens, weil nach dem ausdrücklichen Wortlaut des Erwägungsgrundes „der Rückgriff auf alternative Streitbeilegungsverfahren (...) nicht als außergewöhnlicher Umstand betrachtet werden (sollte), der eine Überschreitung der Frist rechtfertigt." Ob eine Mediation oder ein alternatives Streitbeilegungsverfahren innerhalb der Sechs-Wochen-Frist allerdings erfolgversprechend sein kann, erscheint doch eher fraglich. Immerhin konzediert der zitierte Erwägungsgrund, dass im „Laufe dieser Verfahren oder als deren Folgen jedoch außergewöhnliche Umstände eintreten können".

7.3

Gem. Art. 1 Abs. 3 gelten die Kapitel III und VI der Verordnung in Ergänzung des Haager Übereinkommens von 1980 über internationale Kindesentführungen. In Kapitel III heißt es bei Art. 25:

> **Alternative Streitbeilegungsverfahren**
>
> Das Gericht fordert die Parteien zum frühestmöglichen Zeitpunkt und in jeder Lage des Verfahrens entweder direkt oder gegebenenfalls mit Hilfe der Zentralen Behörden auf, zu prüfen, ob sie gewillt sind, eine Mediation oder andere alternative Streitbeilegungsverfahren in Anspruch zu nehmen, es sei denn, dass dies dem Kindeswohl widerspricht, im Einzelfall nicht angebracht wäre oder das Verfahren hierdurch über Gebühr verzögert würde.

Damit ist der Stellenwert und die Bedeutung von Mediation und anderen alternativen Streitbeilegungsverfahren für alle Kindschaftsverfahren – namentlich für Fälle der internationalen Kindesentführung, auf die das Haager Übereinkommen von 1980 anzuwenden ist – anerkannt und die Handhabung für alle Gerichte der Mitgliedsstaaten festgelegt.

Dies bedeutet konkret und im Einzelnen: Die Verordnung sieht die gerichtliche Verpflichtung vor, Mediation und alternative Streitbeilegungsverfahren „zum frühestmöglichen Zeitpunkt und in jeder Lage des Verfahrens" mit den Parteien selbst oder mit den Parteien unter Hilfestellung der Zentralen Behörden konkret zu thematisieren, um zu prüfen, ob eine diesbezügliche Einigung der Parteien möglich ist. Dabei haben die Gerichte jedoch zu beachten, ob eine derartige Vorgehensweise etwa dem Kindeswohl widerspricht, im Einzelfall nicht angebracht wäre oder das Verfahren hierdurch absehbar „über Gebühr verzögert würde". Damit bleibt vorrangiges Anliegen der Brüssel IIb-Verordnung der insgesamt zügige Abschluss des fraglichen Kindesentführungsverfahrens – obwohl ein elterliches Einvernehmen fraglos ein „Mehr an dauerhaftem Rechtsfrieden" brächte.

8. Beratung und Unterstützung

8.1

Bis zu 30 Prozent der geschiedenen Eltern sind auch nach der Scheidung „weiterhin miteinander feindselig verstrickt und haben Auseinandersetzungen bezüglich der Kindererziehung" (Walper, S., Kreyenfeld, M., Beblo, M., Hahlweg, K., Nebe, K., Schuler-Harms, M., Fegert, J. M. und der Wissenschaftliche Beirat für Familienfragen (2021): Gemeinsam getrennt erziehen, S. 71).

„Trennungs-/Scheidungsfamilien, in denen es den Eltern nicht gelingt, ihre Konflikte durch gemeinsam getroffene Vereinbarungen beizulegen, und in denen der Konflikt zusehends eskaliert (Kampf um jeden Preis!), stellen für die betroffenen Kinder einen erheblich belastenden Entwicklungskontext dar" (ebd.). Geeignete Verfahren und Interventionen – gerade auch im Interesse des Kindeswohls – sind daher notwendig, um eine Begrenzung oder bestenfalls Beilegung der elterlichen Konflikte zu ermöglichen" (ebd. unter Verweis auf Petermann & Fegert, 2015).

> „In Deutschland am meisten verbreitet sind Angebote der Trennungsberatung, die von Jugendämtern, Erziehungsberatungsstellen, Einrichtungen der Ehe-, Lebens- und Familienberatung (EFL) sowie spezialisierten Beratungsstellen für Trennungsfamilien in öffentlicher und privater Trägerschaft erbracht werden. Anders oder zumindest stärker als die meisten psychoedukativen Angebote bietet Trennungsberatung den Eltern eine auf die individuellen Anliegen bezogene persönliche Beratung im geschützten Raum von Einzelgesprächen oder Beratungsgesprächen mit beiden Eltern. Sie zielt darauf ab, individuelle Fragen, Belastungen und Konfliktlagen aufgreifen zu können, und will Eltern Orientierung und Unterstützung bei der Bewältigung von Konflikten und bei Entscheidungen über die Ausgestaltung ihres Familienlebens und der Kinderbetreuung im Rahmen der jeweiligen Sorgerechtsregelung geben. Die Orientierung am Kindeswohl ist hierbei grundlegend. Die direkte Einbeziehung von Kindern in die Beratung ist jedoch vermutlich eher die Ausnahme (zu entsprechenden Möglichkeiten siehe zum Beispiel Bernhardt, 2013; Keil de Ballón, 2018, Seite 25 f.)" (ebd. S. 76).

8.2

Während § 17 SGB VIII Eltern Rechtsansprüche auf Beratung und Unterstützung in Fragen der Partnerschaft, Trennung und Scheidung gewährt, ergänzt und erweitert § 18 SGB VIII diese Ansprüche ausdrücklich um Beratungs- und Unterstützungsleistungen zur Regelung von Fragen der Personensorge, des Umgangs und des Unterhalts (FK-SGB VIII/Tammen § 18 RN 1).

§ 17 SGB VIII

Beratung in Fragen der Partnerschaft, Trennung und Scheidung

(1) Mütter und Väter haben im Rahmen der Jugendhilfe Anspruch auf Beratung in Fragen der Partnerschaft, wenn sie für ein Kind oder einen Jugendlichen zu sorgen haben oder tatsächlich sorgen. Die Beratung soll helfen,

1. ein partnerschaftliches Zusammenleben in der Familie aufzubauen,
2. Konflikte und Krisen in der Familie zu bewältigen,
3. im Fall der Trennung oder Scheidung die Bedingungen für eine dem Wohl des Kindes oder des Jugendlichen förderliche Wahrnehmung der Elternverantwortung zu schaffen.

(2) Im Fall der Trennung und Scheidung sind Eltern unter angemessener Beteiligung des betroffenen Kindes oder Jugendlichen bei der Entwicklung eines einvernehmlichen Konzepts für die Wahrnehmung der elterlichen Sorge und der elterlichen Verantwortung zu unterstützen; dieses Konzept kann auch als Grundlage für einen Vergleich oder eine gerichtliche Entscheidung im familiengerichtlichen Verfahren dienen.

(3) Die Gerichte teilen die Rechtshängigkeit von Scheidungssachen, wenn gemeinschaftliche minderjährige Kinder vorhanden sind, sowie Namen und Anschriften der beteiligten Eheleute und Kinder dem Jugendamt mit, damit dieses die Eltern über das Leistungsangebot der Jugendhilfe nach Absatz 2 unterrichtet.

Die Beratungsleistungen nach § 17 SGB VIII stehen u. a. in engem Zusammenhang mit den Beratungsangeboten nach §§ 18, 28 SGB VIII (ebd. RN 8), da die Erziehungsberatung auch die Aufgabe der Unterstützung der Kinder und Jugendlichen und ihrer Eltern bei Trennung und Scheidung hat (ebd. § 28 RN 15, 16).

§ 18 SGB VIII

Beratung und Unterstützung bei der Ausübung der Personensorge und des Umgangsrechts

(1) Mütter und Väter, die allein für ein Kind oder einen Jugendlichen zu sorgen haben oder tatsächlich sorgen, haben Anspruch auf Beratung und Unterstützung

1. bei der Ausübung der Personensorge einschließlich der Geltendmachung von Unterhalts- oder Unterhaltsersatzansprüchen des Kindes oder Jugendlichen,
2. bei der Geltendmachung ihrer Unterhaltsansprüche nach § 1615 l des Bürgerlichen Gesetzbuchs.

(2) Mütter und Väter, die mit dem anderen Elternteil nicht verheiratet sind, haben Anspruch auf Beratung über die Abgabe einer Sorgeerklärung und die Möglichkeit der gerichtlichen Übertragung der gemeinsamen elterlichen Sorge.
(3) Kinder und Jugendliche haben Anspruch auf Beratung und Unterstützung bei der Ausübung des Umgangsrechts nach §1684 Absatz 1 des Bürgerlichen Gesetzbuchs. Sie sollen darin unterstützt werden, dass die Personen, die nach Maßgabe der §§ 1684, 1685 und 1686a des Bürgerlichen Gesetzbuchs zum Umgang mit ihnen berechtigt sind, von diesem Recht zu ihrem Wohl Gebrauch machen. Eltern, andere Umgangsberechtigte sowie Personen, in deren Obhut sich das Kind befindet, haben Anspruch auf Beratung und Unterstützung bei der Ausübung des Umgangsrechts. Bei der Befugnis, Auskunft über die persönlichen Verhältnisse des Kindes zu verlangen, bei der Herstellung von Umgangskontakten und bei der Ausführung gerichtlicher oder vereinbarter Umgangsregelungen soll vermittelt und in geeigneten Fällen Hilfestellung geleistet werden.
(4) Ein junger Volljähriger hat bis zur Vollendung des 21. Lebensjahres Anspruch auf Beratung und Unterstützung bei der Geltendmachung von Unterhalts- oder Unterhaltsersatzansprüchen.

§28 SGB VIII

Erziehungsberatung

Erziehungsberatungsstellen und andere Beratungsdienste und -einrichtungen sollen Kinder, Jugendliche, Eltern und andere Erziehungsberechtigte bei der Klärung und Bewältigung individueller und familienbezogener Probleme und der zugrundeliegenden Faktoren, bei der Lösung von Erziehungsfragen sowie bei Trennung und Scheidung unterstützen. Dabei sollen Fachkräfte verschiedener Fachrichtungen zusammenwirken, die mit unterschiedlichen methodischen Ansätzen vertraut sind.

8.3

Die Beratung des Jugendamts im Fall von Trennung oder Scheidung gem. § 17 Abs. 1 S. 2 Nr. 3 SGB VIII betrifft Konflikte und Krisen in der elterlichen Scheidungs- und Trennungsphase, die für Kinder bekanntlich besonders belastend sind (ebd. § 17 RN 15m. w. N.). „(…) Bedingungen für eine dem Wohl des Kindes/Jugendlichen förderliche Wahrnehmung der Elternverantwortung zu schaffen, heißt, Eltern insgesamt in ihrer Beziehungs-, Erziehungs-, Handlungs- und Konfliktkompetenz zu stärken und zu unterstützen. (…) Beratung nach Nr. 3 soll daher helfen, Belastungen für Kinder wie Eltern in diesen Lebensphasen möglichst zu vermeiden und eine kindeswohlgemäße Gesamtsituation für Trennungs- und (Nach-)Scheidungsfamilien zu schaffen“ (ebd.). „Ziele der Beratung betreffen sowohl die psychosoziale, vor allem aber auch emotionale (intrapersonale) Ebene der Beteiligten als auch die Sachebene. (…) Gerade deshalb haben sich in der Trennungs- und Scheidungsberatung mediative Beratungsformen bewährt (ebd. RN 15 u. 16).

8.4

Was die Leistung des JA gem. § 17 Abs. 2 SGB VIII angeht, so hat diese die Unterstützung und Stärkung der Eltern bei der Entwicklung eines einvernehmlichen Konzepts für die Wahrnehmung der elterlichen Sorge und der elterlichen Verantwortung unter angemessener Beteiligung des betroffenen Kindes/Jugendlichen zum Ziel (ebd. RN 17). Da die Pflicht zur Unterstützung (§ 17 Abs. 2 SGB VIII) mehr als Beratung (§ 17 Abs. 1 SGB VIII) bedeutet (ebd. RN 17 m. w. N.), sind solche jugendhilferechtlichen Beratungsinterventionen auch als mediative Leistungsangebote zu gestalten und anzubieten (ebd. RN 17 m. w. N.). Obwohl das Gesetz in diesem Zusammenhang den Begriff „Mediation" nicht verwendet, würde es jedoch dem professionellen und rechtlich normierten Anspruch einer Fachbehörde widersprechen, ein fachgerechtes Mediationsverfahren (grundsätzlich) nicht anzubieten (ebd. RN 17 m. w. N.). Um die Eltern gemeinschaftlicher Kinder im Fall von Trennung und Scheidung sicher und umfassend über das Leistungsangebot der Jugendhilfe nach § 17 Abs. 2 SGB VIII informieren zu können, sind die Familiengerichte bei der Rechtshängigkeit von Scheidungssachen verpflichtet, Namen und Anschriften der beteiligten Eheleute und Kinder dem zuständigen Jugendamt mitzuteilen, § 17 Abs. 3 SGB VIII.

8.5

Zum Ablauf einer Mediation (im Einzelnen) muss in diesem Zusammenhang verwiesen werden auf FK-SGB VIII/Tammen/Trenczek § 17 RN 43 ff. sowie auf BMJ – Themen – Gerichtsverfahren und Streitschlichtung: Außergerichtliche Streitbeilegung – Mediation.

8.6

Die Beratungs- und Unterstützungsleistungen nach § 18 SGB VIII umfassen – je nach inhaltlicher Streitigkeit – unterschiedliche Beratungs- und Unterstützungsleistungen für unterschiedliche Personen – namentlich im Zusammenhang des hier interessierenden Kontextes bei Fragen der Ausübung der Personensorge und des Umgangsrechts für Mütter und Väter, und zwar insbesondere auch nach Trennung und Scheidung (ebd. § 18 RN 1 u. 6). Die Bestimmung wurde durch verschiedentliche Gesetze immer wieder aktualisiert und wegen neuer Regelungsgehalte neu gefasst. Die Beratung nach § 18 SGB VIII umfasst die Übermittlung von Informationen, Hilfen für die Einschätzung von Risiken, die Entwicklung von Handlungsalternativen und für Wege zu einer möglichst eigenverantwortlichen Entscheidungsfindung (ebd. RN 7). Unter Unterstützung gem. § 18 SGB VIII ist eine über die Beratung hinausgehende Hilfestellung zu verstehen (ebd. RN 8, vgl. ferner LPK-SGB VIII Kunkel/Pattar § 18 RN 4).

8.7

Die Erziehungsberatung nach § 28 SGB VIII hat die Aufgabe, Kinder, Eltern und andere Erziehungsberechtigte zu unterstützen, um eine dem Wohl des Kindes entsprechende Erziehung sicherzustellen. Wichtigste Aufgaben dabei sind Beratung und Therapie, präventive Angebote und Vernetzungsangebote (FK-SGB VIII/ Struck: in § 28 RN 11). Hierzu gehört ebenfalls die Unterstützung von Eltern und Kindern/Jugendlichen bei Trennung und Scheidung, wobei sich vielfältige Beratungsangebote entwickelt haben (ebd. § 28 RN 15). Die Unterstützung von Kindern und Jugendlichen und ihrer Eltern im Rahmen der Erziehungsberatung nach § 28 SGB VIII lassen sich schwerlich von dem Beratungsanspruch der Mütter und Väter nach § 17 Abs. 1 Nr. 3, Abs. 2 SGB VIII abgrenzen.

9. Grundsätzliche Hinterfragungen, abschließende Betrachtungen und Resümee

9.1

Die hier näher interessierenden Konfliktfelder – Sorgerecht, Umgangsrecht bzw. problematische Eltern-Kind-Beziehungen im Rahmen von Trennung und Scheidung schlechthin – sowie die Entstehung bzw. Steigerung solcher Problemlagen bis hin zu hochstrittigen Elternkonflikten, erfordern unterschiedliche Lösungsansätze. Dabei steht die Wahrung des Kindeswohls (nach Möglichkeit mit dauerhafter Einigung der Eltern) im Vordergrund – die elterliche Kommunikation und die elterliche Kooperation spielen insoweit eine entscheidende Rolle (vgl. Martiny in ZKJ 2010, S. 351 ff., 352, 355).

Nicht unerwähnt bleiben sollte in diesem Zusammenhang auch die Tatsache, dass gerade das Verhalten hochstrittiger Eltern, die nicht kooperieren wollen oder können, u. a. wegen der Dauer und Wiederholung ihrer Konflikte enorme Ressourcen im Justizsystem und in den Beratungs- und Hilfesystemen binden (ebd. S. 352 m. w. N.).

I. Ü. gerät schließlich bei den beteiligten Eltern – oft genug – aus dem Blick, dass das eigene konfliktgesteuerte bzw. den Konflikt veranlassende Verhalten letztlich notwendige individuelle Lernprozesse erfordert, um nicht das eigene Leben, das des (nunmehr getrennten) Partners – auch das des evtl. neuen Partners (!) – und das des gemeinsamen Kindes anhaltend negativ zu beeinflussen – mit allen sich hieraus ergebenden belastenden (psychischen und zumeist auch wirtschaftlichen) Folgen aller betroffenen Personen.

9.2

Die Familienstrukturen in Deutschland sind – wie in anderen europäischen Ländern – von anhaltend hohen Trennungs- und Scheidungsraten geprägt (Walper, S., Kreyenfeld, M., Beblo, M., Hahlweg, K., Nebe, K., Schuler-Harms, M., Fegert, J. M. und der Wissenschaftliche Beirat für Familienfragen (2021): Gemeinsam getrennt erziehen, S. 28, 41). Im Jahr 2018 lag die Scheidungsziffer in Deutschland bei etwa zwischen 32 Prozent/Westdeutschland bzw. 30 Prozent/Ostdeutschland: Damit wird etwa jede dritte Ehe eines Heiratsjahrgangs geschieden (ebd.). Bei etwa der Hälfte aller Scheidungen sind gemeinsame minderjährige Kinder betroffen (ebd.). Statistisch nicht erfasst ist, ob bzw. inwieweit Stiefkinder von einer Scheidung betroffen sind (ebd. S. 29). „Ebenfalls nicht erfasst ist das Trennungsverhalten von Eltern in nicht ehelichen Lebensgemeinschaften mit mindestens einem gemeinsamen Kind bzw. der Anteil an Personen, die nicht mit einem Partner zusammenleben, wenn sie Eltern werden. Damit bleibt die amtliche Statistik in ihrer Aussagekraft zur Instabilität von Paarbeziehungen – auch jenen mit Kindern – deutlich lückenhaft“ (ebd.).

Zu den Risiken einer elterlichen Trennung für die Kinder bzw. ihren vielfältigen Belastungen durch eine Trennung der Eltern führt das o. g. Gutachten u. a. weiter aus: „Vor allem bei konflikthaften Trennungen geraten Kinder oftmals in einen Loyalitätskonflikt, der durch regelmäßige Probleme bei der Übergabe des Kindes und Streitigkeiten vor den Kindern verschärft werden kann und zu beträchtlichen Belastungen der Kinder beiträgt (zum Beispiel Verrocchio & Baker, 2015). Nicht selten ist die Trennung der letzte Schritt, dem eine längere Phase von Konflikten oder sogar psychischer, mitunter auch körperlicher Gewalt zwischen den Eltern vorangeht. Häusliche Gewalt und fortgesetzte Konflikte zwischen den Eltern belasten Kinder auch in Kernfamilien beträchtlich (Harold & Sellers, 2018; Henry, 2018; Lawson, 2019; Walper & Kindler, 2014)“ (ebd. S. 50).

Und weiter: „Einige der genannten Belastungsfaktoren (laut Studie ‚niedriger sozioökonomischer Status der Familie mit vielfach resultierendem Stress‘, der Verf.) haben auch Einfluss auf die Sorgerechts- und Umgangsregelung nach der Trennung. Unter problematischen Erziehungs- und Beziehungsbedingungen kommt es im Nachgang zur Trennung häufiger zur Übertragung des alleinigen Sorgerechts auf einen Elternteil, während der Regelfall die gemeinsame elterliche Sorge ist. Gerade in Fällen alleiniger elterlicher Sorge mit hoch problembelasteten Eltern ergibt sich mitunter ein heftiger Umgangsstreit, der die Kinder massiv beeinträchtigen kann. Aber auch bei gemeinsamem Sorgerecht können hoch eskalierte Konflikte und anhaltende gerichtliche Auseinandersetzungen der Eltern entstehen, die selbst durch Beratung oft nicht befriedet werden können (zum Beispiel de Ballón, 2018; (…)“ (ebd. S. 51).

Ferner werden insbesondere die destruktiven Konflikte der Eltern als nachteilig für das Wohlergehen von Kindern hervorgehoben: „Konflikte zwischen Eltern sind Teil des normalen Familienlebens. Konflikte kommen in jeder Familie vor und dienen dazu, unterschiedliche Bedürfnisse, Wünsche und Ziele auszuhandeln (Hahlweg & Bodenmann, 2020). Sie können jedoch ein Ausmaß und eine Form erreichen, die als destruktiv anzusehen sind und – wie zahlreiche Studien zeigen – mit deutlichen Belastungen für die Kinder verbunden sind (vergleiche Bodenmann, 2016; Kitzmann et al., 2003; Walper & Beckh, 2006). Eine Trennung der Eltern kann zwar dazu beitragen, Konflikte zu entschärfen oder auch zu beenden. Ein substanzieller Anteil der Trennungsfamilien ist jedoch auch weiterhin mit fortgesetzten Konflikten konfrontiert. Im Bereich der elterlichen Zusammenarbeit (…) betrifft dies vermutlich rund ein Drittel der Trennungsfamilien. Berücksichtigt man allerdings auch verdeckte Konflikte, die nicht offen ausgetragen werden, aber als Ressentiments zwischen den Eltern stehen, so ist mindestens die Hälfte aller Trennungsfamilien durch entsprechende Probleme belastet. Konflikte sind für Kinder dann besonders schädigend, wenn sie lange andauern oder chronisch auftreten, eine hohe Intensität haben, etwa mit physischer und/oder verbaler Gewalt verbunden sind, und einen destruktiven Ausgang ohne anschließende Versöhnung nehmen (vergleiche Bodenmann, 2016). Vor allem hat es sich für Kinder als belastend erwiesen, wenn die Konflikte vor ihnen oder in ihrer Hörweite ausgetragen werden oder wenn sie selbst zum Konfliktinhalt gemacht werden und als Koalitionspartner von den Eltern missbraucht werden. (…) Für Kinder jeden Alters sind Konflikte der Eltern nicht zuletzt deshalb ein erheblicher Stressfaktor, weil die Eltern wegen ihrer häufigen, eskalierenden, lange anhaltenden, verbal und nonverbal aggressiven Auseinandersetzungen nicht in der Lage sind, angemessen auf die Bedürfnisse ihrer Kinder einzugehen (Zemp & Bodenmann, 2015). (…) Die Theorie der emotionalen Sicherheit gehört zu den wichtigsten aktuellen Erklärungsmodellen für die negativen Auswirkungen von Partnerschaftskonflikten auf Kinder (Cummings & Davies, 2010). Danach unterminieren chronische destruktive Konflikte die kindliche emotionale Sicherheit in der Familie, da die Kinder ihre Familie nicht als sicheres Gefüge erleben und befürchten, dass sie jederzeit auseinanderbrechen kann. Die elterlichen destruktiven Konflikte zerstören das Sicherheitsgefühl der Kinder und lösen Angst, Ärger, Traurigkeit, Verzweiflung und Hilflosigkeit aus. Je stärker sich das Kind in seiner emotionalen Sicherheit bedroht fühlt, desto stärker ist seine allgemeine psychologische und physiologische Erregung, wobei die Autoren annehmen, dass die Kinder durch die Streitigkeiten ihrer Eltern zusehends sensibilisiert werden und sich gerade nicht an die destruktiven Auseinandersetzungen ihrer Eltern gewöhnen. Mit jeder erneuten Konfliktexposition reagieren die Kinder stärker auf die Konflikte. Sie erhöhen dadurch ihre Aufmerksamkeit für potenzielle Bedrohungen, erwarten Konflikte und negative Ausgänge, erleben Kontrollverlust und schreiben sich die Schuld an den elterlichen Konflikten zu, da die Eltern häufig wegen ihnen streiten oder weil die Kinder den Grund für den Streit darin vermuten, dass sie nicht artig und gehorsam waren. Vor allem bei geringen personalen und sozialen Ressourcen beziehungsweise Schutzfaktoren sind destruktive

Konflikte der Eltern ein Nährboden für Beeinträchtigungen der kindlichen Entwicklung. Allerdings sind auch umgekehrte Effekte in Rechnung zu stellen, denn schwierige Kinder können mehr Konfliktpotenzial in die Familien tragen und somit ungünstige Voraussetzungen für ein harmonisches Zusammenspiel der Eltern schaffen (Zemp, Johnson & Bodenmann, 2018)" (ebd. 53–55).

Die Studie stellt weiter fest: „Nur, wenn die destruktiven Konflikte der Eltern geringer werden und diese einen konstruktiven Umgang miteinander finden, schafft eine Scheidung die notwendige Veränderung für eine gesunde Entwicklung (Hetherington & Kelly,2003). Viele geschiedene Eltern – nach Johnston (2000) bis zu 30 Prozent – sind auch nach der Scheidung weiterhin miteinander feindselig verstrickt und haben Auseinandersetzungen bezüglich der Kindererziehung. Besonders schädlich für die Kinder sind wiederholte gerichtliche Auseinandersetzungen der Eltern, häufige Streitigkeiten der Eltern ohne effektive Lösung (vor, während und nach der Scheidung) und die Verwicklung der Kinder in Loyalitätskonflikte (Bröning, 2009; Walper & Beckh, 2006)" (ebd. S. 71).

> „Trennungs-/Scheidungsfamilien, in denen es den Eltern nicht gelingt, ihre Konflikte durch gemeinsam getroffene Vereinbarungen beizulegen, und der Konflikt zusehends eskaliert (Kampf um jeden Preis!), stellen für die betroffenen Kinder einen erheblich belastenden Entwicklungskontext dar. Kinder geraten in die Auseinandersetzungen der Eltern hinein beziehungsweise werden (bewusst) mit einbezogen. Sie müssen sich – zum Teil mehrfachen – Begutachtungen unterziehen, in deren Kontext sie mit der schwierigen Beziehung zwischen ihren Eltern konfrontiert werden und Aussagen machen müssen, die sie in Loyalitätskonflikte mit den Eltern bringen können" (ebd. 71).

Wenn auch die Datenbasis zur Wirksamkeit von Scheidungsmediation insgesamt kaum belastbare Schlussfolgerungen erlaubt (ebd. S. 78), zeigte sich in einer (weiteren, der Verf.) Studie, „dass sich nach Mediation die Beziehung der Eltern hinsichtlich positiverer Kommunikation und Kooperation verbesserte" (ebd. S. 78). „Circa 65 Prozent der Eltern gelangen eigenständig zur Regelung des Umgangs, während das verbleibende Drittel Beratung, Mediation oder gerichtliche Konfliktklärung in Anspruch nimmt. Nicht immer gelingt hierbei jedoch eine dauerhafte Lösung. Älteren Schätzungen zufolge nehmen etwa fünf bis zehn Prozent aller Scheidungen und Trennungen einen hochkonflikthaften Verlauf (Dietrich et al., 2010), bei dem Konflikte über den Umgang mit den Kindern und das Sorgerecht längerfristig bestehen bleiben, vielfach besonders heftig und unversöhnlich ausgetragen werden und trotz üblicher Interventionen (Beratung, Mediation, Gerichtsentscheid) auch längerfristig nicht abgemildert werden können (Kindler, 2019). Vielfach leiden die Kinder erkennbar. Trotz ihrer geringen

Zahl binden diese hochstrittigen Trennungen den Großteil der Kapazitäten des juristischen und psychosozialen Personals durch langjährige, hartnäckige Streitigkeiten, oftmals durch alle gerichtlichen Instanzen" (ebd. 79).

9.3

Die Ergebnisse der Studie machen schlicht betroffen.

Die Studie belegt die Komplexität der strittigen bis hochstrittigen Konflikte und zeigt in vielfältiger Weise die Notwendigkeit auf, gerade im Trennungsstadium der Eltern jedwede Ressourcen aufzubieten, um für alle Betroffenen der „auseinanderbrechenden" Familie Erleichterung, Hilfe und Unterstützung zu schaffen – insbesondere für die (gezwungenermaßen) beteiligten Kinder.

Zwar treibt der Gesetzgeber, wie in diesem Kapitel im Einzelnen ausgeführt und belegt, seit nunmehr bald drei Jahrzehnten Beratung, Unterstützung und jedwede Konfliktbeilegungsmodelle bei familialen Konflikten – immer wieder und auf unterschiedliche Art und Weise – voran, und dennoch scheinen die Möglichkeiten der einvernehmlichen Konfliktlösungen auf diesem Gebiet bei weitem nicht ausgeschöpft, obwohl die erschütternden Auswirkungen der familialen Konflikte auf die betroffenen Kinder wissenschaftlich unstrittig belegt und (nicht nur) in der Fachöffentlichkeit allseits bekannt sind.

In diesem Zusammenhang stellt sich daher die Frage, auf welche Weise eine Steigerung der Unterstützung einvernehmlicher Konfliktbeilegungen seitens des Staates gefördert werden kann.

Hierbei könnte u. a. der Mediationskostenhilfe eine bedeutende Rolle zukommen. In dem Abschlussbericht zur Evaluierung des Projekts „Geförderte Familienmediation in Berlin" von Prof. Greger wurde u. a. die Einführung der Mediationskostenhilfe thematisiert, um dem Problem der zu geringen Nachfrage zu begegnen (Greger, S. 3). Der Bericht kam u. a. zu folgenden Evaluationsergebnissen:

- „BIGFAM (Berliner Initiative Geförderte Familienmediation bzw. Berliner Modellprojekt „Geförderte Familienmediation", der Verf.) hat gezeigt, dass auch bereits zu Gericht gelangte Konflikte noch in eine Mediation umgeleitet werden können, was auf dem gesetzlich vorgesehenen Weg über die Anordnung eines Informationsgesprächs (§ 156 Abs. 1 S. 3 FamFG) bisher oft an der Kostenpflicht für die Mediation scheitert. Dieses Hindernis wird durch eine Übernahme der Mediationskosten in die Verfahrenskostenhilfe ausgeräumt. Auch nach eigenem Bekunden war für einen erheblichen Teil der Beteiligten die Kostenfreiheit essentiell für die Bereitschaft zur Teilnahme an der Mediation. Die Frage, ob die Kostenfreiheit die Bereitschaft, das gerichtliche Verfahren zugunsten eines Mediationsversuchs ruhen zu lassen, steigern kann, ist damit eindeutig zu bejahen" (ebd. S. 45,46).

- „Es gibt keine generelle Statistik über die Einigungsquoten in der (gerichtsverbundenen oder -unabhängigen) Familienmediation; zudem zeigt sich der Erfolg einer Mediation nicht nur im Zustandekommen einer formellen Vereinbarung, sondern oft bereits darin, dass es zur Behebung einer massiven Beziehungsstörung oder zur Wiederherstellung einer vernünftigen Kommunikation gekommen ist“ (ebd. S. 46).
- „Im Übrigen erscheint es geboten, die Frage einer Mediationskostenhilfe nicht nur unter fiskalischen Aspekten zu betrachten. BIGFAM hat gezeigt, dass mit einer solchen Hilfe auch einkommensschwachen Eltern (und ihren Kindern) die Chance einer grundlegenden Konfliktlösung eröffnet wurde, die in dieser Form im streitigen Kindschaftsverfahren nicht möglich gewesen wäre (wie mehrfach von dankbaren Beteiligten bestätigt wurde). Aus diesem Grunde und im Hinblick auf den sozialen Nutzen ungetrübter Eltern-Kind-Beziehungen erscheint es geradezu geboten, den Zugang zur Familienmediation durch den Abbau der derzeit bestehenden Barrieren zu erleichtern. Dabei geht es – auch dies hat das BIGFAM-Projekt gezeigt – nicht nur um die Kostenfrage, sondern auch darum, die Mediation so in das System von Familienhilfe und Rechtsschutz einzubauen, dass geeignete Konflikte ohne den Umweg über ein Gerichtsverfahren dorthin gelangen. Auf diese Weise ließen sich auch in erheblichem Maße Aufwendungen für Verfahrenskostenhilfe vermeiden“ (ebd. 48).
- „Nach derzeitiger Rechtslage wird wirtschaftlich schwachen Personen zwar der kostenfreie Zugang zum gerichtlichen Verfahren eröffnet; die Kosten einer Mediation müssten sie aber selbst tragen – mit der Folge, dass diese Möglichkeit nicht wahrgenommen wird, obwohl sie u. U. vorteilhaftere Konfliktlösungen hervorbringen und geringere Kosten verursachen würde“ (ebd. 48).
- „BIGFAM hat aufgezeigt, dass eine Kostenhilfe für Mediation zielführend und systemgerecht ist, aber nicht von der vorherigen Einleitung eines gerichtlichen Verfahrens abhängig sein sollte. Der Parallellauf mit dem FamFG-Verfahren kann die Offenheit der autonomen Konfliktlösung in der Mediation beeinträchtigen (…); außerdem führt er zu Verzögerungen (…) und zur Kumulation von Kosten. (…)“ (ebd. 48).
- „Wenn das Gericht ein Informationsgespräch über außergerichtliche Konfliktbeilegung nach § 135 oder § 156 Abs. 1 S. 3 FamFG anordnet oder ein solches Verfahren nach § 36a FamFG vorschlägt, ergibt dies nur dann Sinn, wenn Beteiligte, die die Kosten für ein solches Verfahren nicht aufbringen können und denen daher bereits für das gerichtliche Verfahren Kostenhilfe bewilligt wurde, auch in die Lage versetzt werden, das vom Gericht für sinnvoll erachtete Vorgehen in die Tat umzusetzen. Das Projekt BIGFAM hat gezeigt, dass eine solche Umlenkung auf konsensuale Streitbeilegung oftmals zu Konfliktbearbeitungen führt, die bei Gericht nicht leistbar wären und zugleich weiteren Verfahrensaufwand vermeiden“ (ebd. 48).

9.4

Greger führt im Zusammenhang mit der Evaluation des Berliner Modellprojekts „Geförderte Familienmediation" ferner zusammenfassend aus: „Die Evaluation des Berliner Modellprojekts „Geförderte Familienmediation" (BIGFAM) hat gezeigt, dass es nicht nur sinnvoll, sondern geradezu geboten ist, wirtschaftlich schwachen Konfliktparteien nicht nur (wie das bisher der Fall ist) für ein gerichtliches Verfahren, sondern auch für eine auf Vorschlag des Gerichts eingeleitete Mediation Kostenhilfe zu gewähren. In dem Modellversuch konnten Elternpaare, denen für ein familiengerichtliches Verfahren wegen einer Sorgerechts- oder Umgangsstreitigkeit Verfahrenskostenhilfe bewilligt worden war, kostenfrei an einer bis zu 10 Sitzungen umfassenden Co-Mediation teilnehmen, die von einer anerkannten Einrichtung administriert und von qualifizierten Mediator(inn)en durchgeführt wurde. In gut der Hälfte dieser Mediationen, die ohne die finanzielle Förderung nicht zustande gekommen wären, wurde eine Einigung erzielt, die sich den Rückmeldungen der Eltern zufolge positiv auf die Situation der Kinder ausgewirkt hat. (...) Auch einen interessanten ‚Nebeneffekt' hat die Untersuchung aufgedeckt: Unabhängig davon, ob es in ihrem Verfahren zu einer Einigung gekommen ist, bekundeten drei Viertel der teilnehmenden Eltern ihre grundsätzliche Bereitschaft, künftige Konflikte (gleich in welchem Lebensbereich) durch Mediation zu lösen; rund zwei Drittel der grundsätzlich Mediationswilligen sähen sich hieran aber gehindert, wenn sie für die Kosten selbst aufkommen müssten. Einen besseren Beleg für den Wert und die Sinnhaftigkeit einer Mediationskostenhilfe kann es kaum geben" (Greger in: Der ZKM-Blog).

9.5

Im Jahre 2017 legte die Bundesregierung den Evaluationsbericht zum Mediationsgesetz vor, der sich auch zur Frage der Einführung einer Mediationskostenhilfe äußert. Dem Bericht lag eine rechtstatsächliche Studie des Deutschen Forschungsinstituts für die öffentliche Verwaltung in Speyer zu Grunde. Danach wurde „zum gegenwärtigen Zeitpunkt (Juni 2017, der Verf.) von einer allgemeinen, bereichsunabhängigen Regelung zur Mediationskostenhilfe abgeraten" (vgl. Bericht der Bundesregierung über die Auswirkungen des Mediationsgesetzes ..., 2017, S. 2). Allerdings wollte die Bundesregierung den Bericht explizit zum Anlass nehmen, um zu überlegen, „wie das mit dem Mediationsgesetz verfolgte Ziel der Förderung der Mediation langfristig noch besser verfolgt werden kann" (ebd., S. 3).

Damit bleibt die Frage, ob das durchweg positive spätere Evaluationsergebnis des Berliner Pilotprojektes BIGFAM (2020) nicht genügend Anlass sein sollte, die vorerwähnte Studie (2017) zu aktualisieren oder jedenfalls mit Blick auf neuere Entwicklungen zu hinterfragen.

Bedauerlicherweise ist jedoch vom Gesetzgeber „eine Mediationskostenhilfe derzeit nicht vorgesehen" (BMJ, Internetauftritt Themen/Gerichtsverfahren und Streitschlichtung/Außergerichtliche Streitbeilegung/Mediation, Stand: 12. Januar 2023).

Literatur

Arbeitsgruppe „Familiengerichtliche Maßnahmen bei Gefährdung des Kindeswohls", Abschlussbericht v. 17. November 2006 – https://www.bundesgerichtshof.de/SharedDocs/Downloads/DE/Bibliothek/Gesetzesmaterialien/16_wp/kindeswohl/abschlussbericht.pdf?__blob=publicationFile&v=1 Abrufdatum: 08.05.2024

Balloff: „Anhörung und Kommunikation mit dem Kind im Familiengericht", in: Bundesministeriums für Familie, Senioren, Frauen und Jugend & Deutsches Kinderhilfswerk, Veranstaltungsdokumentation der Fachtagung „Kindgerechte Justiz – Zugang zum Recht der Kinder", Fachtagung v. 07.09.2018, Workshop 2, Workshopmaterialien von Dr. R. Balloff – www.dkhw.de/aktionen/fachveranstaltungen/fachtag-kindgerechte-justiz/ Abrufdatum: 25.03.2024

BMJ, Empfehlung Nr. R (98) 1 des Ministerkomitees an die Mitgliedstaaten über Familienmediation, BMJ, FamRZ 1998, 1018–1020

BMJ – Themen – Gerichtsverfahren und Streitschlichtung: Außergerichtliche Streitbeilegung – Mediation, Stand: 12. Januar 2023/25. März 2024 – https://www.bmj.de/DE/themen/wege_zum_recht/aussergerichtliche_streitbeilegung/mediation/mediation.html (Abrufdatum: 29.03.2024).

Brüssel IIb-VO, Europäische Verordnung EU/2019/1111, vom Europäischen Rat am 25.06.2019 angenommen und am 02.07.2019 im Amtsblatt der Europäischen Union veröffentlicht, ABL. EU 2019 Nr. L. 178, S. 1 ff.

Dutta/Jacoby/Schwab: FamFG, Kommentar, Verlag Ernst und Werner Gieseking, Bielefeld, 4. Auflage 2022 – Dutta/Jacoby/Schwab/Bearbeiter/in, § … RN …

Europäisches Übereinkommen über die Ausübung von Kinderrechten v. 25.01.1996 (von der Bundesrepublik Deutschland im Jahre 2002 ratifiziert und im gleichen Jahr in Deutschland in Kraft getreten – https://m.coe.int/168007cdc6

Europäische Mediationsrichtlinie, EU-Richtlinie 2008/52/EG des Europäischen Parlaments und des Rates über bestimmte Aspekte der Mediation in Zivil- und Handelssachen

Greger, R.: Abschlussbericht zur Evaluierung des Projekts Geförderte Familienmediation in Berlin, 2020, – https://www.bafm-mediation.de/site/assets/files/24552/stand_der_mediationsforschung.pdf Abrufdatum: 29.03.2024

Greger in: Der ZKM-Blog, blog.otto-schmidt.de/mediation, „Der Experten-Blog zur außergerichtlichen Streitbeilegung", Centrale für Mediation, 9. März 2020 – 9:10, Beitrag von Prof. Dr. Reinhard Greger: „Mediationskostenhilfe zeigt positive Effekte" – www.blog.otto-schmidt.de/mediation/ Abrufdatum: 29.03.2024

Grüneberg: BGB, Kommentar, 82. Auflage 2023, Verlag C. H. Beck, München – Grüneberg/Bearbeiter § … RN …

Kunkel, P.-C./Kepert, J./Pattar, A. (Hrsg.): Sozialgesetzbuch VIII Kinder- und Jugendhilfe, Lehr- und Praxiskommentar, 8. Auflage 2022. Baden -Baden: Nomos Verlagsgesellschaft – Zitat: LPK-SGB VIII/Bearbeiter § … RN …

Martiny, Umgangs- und Sorgerechtsregelung im Elternstreit – In- und ausländische Lösungen, in ZKJ 2010, S. 351 ff.

Münder/Meysen/Trenczek (Hrsg.): Frankfurter Kommentar SGB VIII Kinder- und Jugendhilfe, 9. Auflage 2022, Baden – Baden: Nomos Verlagsgesellschaft – Zitat: FK-SGB VIII/Bearbeiter: in § … RN

Prüttimg/Helms: FamFG Kommentar, 6. Auflage 2023, Verlag Dr. Otto Schmidt Köln – Bearbeiter in § … RN …

Röchling (Hrsg.): Handbuch Anwalt des Kindes, Verfahrensbeistandschaft und Umgangspflegschaft für Kinder und Jugendliche, 2. Auflage 2009, Nomos Verlagsgesellschaft Baden – Baden

Schulte-Bunert/Weinreich (Hrsg.): FamFG, Kommentar, 1. Auflage 2009, Luchterhand – WoltersKluverDeutschland GmbH Köln – Schulte-Bunert/Weinreich/Bearbeiter § … RN …

VN-Kinderrechtskonvention – Übereinkommen über die Rechte des Kindes v. 26.01.1990, in Deutschland in Kraft getreten am 05.04.1992 – https://www.bmfsfj.de/resource/blob/93140/78b9572c1bffdda3345d8d393acbbfe8/uebereinkommen-ueber-die-rechte-des-kindes-data.pdf Abrufdatum: 29.03.2024

Walper, S., Kreyenfeld, M., Beblo, M., Hahlweg, K., Nebe, K., Schuler-Harms, M., Fegert, J. M. und der Wissenschaftliche Beirat für Familienfragen (2021): Gemeinsam getrennt erziehen. Gutachten des Wissenschaftlichen Beirats für Familienfragen beim BMFSFJ. Berlin: Wissenschaftlicher Beirat für Familienfragen beim BMFSFJ https://www.bmfsfj.de/bmfsfj/service/publikationen/gemeinsam-getrennt-erziehen-186696 Abrufdatum: 29.03.2024

BT-Drucksachen

13/4899 v. 13.06.1996, Gesetzentwurf der Bundesregierung, Entwurf eines Gesetzes zur Reform des Kindschaftsrechts (Kindschaftsrechtsreformgesetz – KindRG)

13/8511 v. 12.09.1997, Beschlussempfehlung und Bericht des Rechtsausschusses zu (…) dem Entwurf eines Gesetzes zur Reform des Kindschaftsrechts (…)

16/6308 v. 07.09.2007, Gesetzentwurf der Bundesregierung, Entwurf eines Gesetzes zur Reform des Verfahrens in Familiensachen und in den Angelegenheiten der freiwilligen Gerichtsbarkeit (FGG-Reformgesetz FGG-RG)

16/6815 v. 24.10.2007, Gesetzentwurf der Bundesregierung, Gesetz zur Erleichterung familiengerichtlicher Maßnahmen bei Gefährdung des Kindeswohls

17/5335 v. 01.04.2011, Gesetzentwurf der Bundesregierung, Entwurf eines Gesetzes zur Förderung der Mediation und anderer Verfahren der außergerichtlichen Konfliktbeilegung

17/8058 v. 01.12.2011, Beschlussempfehlung und Bericht des Rechtsausschusses (6. Ausschuss), zu (…) dem Entwurf eines Gesetzes zur Förderung der Mediation (…)

18/6985 v. 09.12.2015, Gesetzentwurf der Bundesregierung, Entwurf eines Gesetzes zur Änderung des Sachverständigenrechts und zur weiteren Änderung des Gesetzes über das Verfahren in Familiensachen und in den Angelegenheiten der freiwilligen Gerichtsbarkeit

18/11278 v. 22.02.2017, Gesetzentwurf der Bundesregierung, Entwurf eines Gesetzes zur Einführung eines familiengerichtlichen Genehmigungsvorbehaltes für freiheitsentziehende Maßnahmen bei Kindern

19/24901 v. 02.12.2020, Gesetzentwurf der Bundesregierung, Entwurf eines Gesetzes zur Bekämpfung sexualisierter Gewalt gegen Kinder

19/26107 v. 25.01.2021, Gesetzentwurf der Bundesregierung, Entwurf eines Gesetzes zur Stärkung von Kindern und Jugendlichen (Kinder- und Jugendstärkungsgesetz – KJSG)

19/27928 v. 24.03.2021, Beschlussempfehlung und Bericht des Ausschusses für Recht und Verbraucherschutz zu (…) dem Entwurf eines Gesetzes zur Bekämpfung sexualisierter Gewalt gegen Kinder

BR-Drucksachen

607/04 v. 13.08.2004, Gesetzentwurf der Bundesregierung, Entwurf eines Gesetzes zum internationalen Familienrecht

634/20 v. 22.10.2020, Gesetzentwurf der Bundesregierung zum Entwurf eines Gesetzes zur Bekämpfung sexualisierter Gewalt gegen Kinder

634/20 v. 27.11.2020 (Beschluss), Stellungnahme des Bundesrates zum Entwurf eines Gesetzes zur Bekämpfung sexualisierter Gewalt gegen Kinder

Abkürzungsverzeichnis

Abs.	Absatz
a. E.	am Ende
a. F.	alte Fassung
Art.	Artikel
Aufl.	Auflage
AZ/Az.	Aktenzeichen
BayObLG	Bayerisches Oberstes Landesgericht (2006 abgeschafft/2018 wiedererrichtet)
BGB	Bürgerliches Gesetzbuch
BGH	Bundesgerichtshof
BGHZ	Entscheidungen des Bundesgerichtshofs in Zivilsachen
BKiSchG	Bundeskinderschutzgesetz
BMFSFJ	Bundesministerium für Familie, Senioren, Frauen und Jugend
BMJ	Bundesministerium der Justiz
BR-Drucks.	Bundesratsdrucksache
BT-Drucks.	Bundestagsdrucksache
BVerfG	Bundesverfassungsgericht
BVerfGE	Entscheidungen der amtlichen Sammlung des Bundesverfassungsgerichts
BvR	Aktenzeichen einer Verfassungsbeschwerde zum Bundesverfassungsgericht
EGMR	Europäischer Gerichtshof für Menschenrechte
FamFG	Gesetz über das Verfahren in Familiensachen und in den Angelegenheiten der freiwilligen Gerichtsbarkeit
FamG	Familiengericht
FamRB	Der Familien-Rechtsberater, Zeitschrift Informationsdienst für die Familienrechtliche Praxis
FamRZ	Zeitschrift für das gesamte Familienrecht
ff.	fortfolgende
gem.	gemäß
ggf.	gegebenenfalls
GG	Grundgesetz
Hrsg.	Herausgeber
Hs.	Halbsatz
i. S. d.	im Sinne der/des
i. S. v.	im Sinne von
i. Ü.	im Übrigen
i. V. m.	in Verbindung mit
Kap.	Kapitel
KJSG	Gesetz zur Stärkung von Kindern und Jugendlichen (Kinder- und Jugendstärkungsgesetz
KKG	Gesetz zur Kooperation und Information im Kinderschutz
m. w. N.	mit weiteren Nachweisen
n. F.	neue Fassung
NJW	Neue Juristische Wochenschrift
OLG	Oberlandesgericht
RN	Randnummer
S.	Satz

s. o.	siehe oben
SGB VIII	Sozialgesetzbuch Achtes Buch – Kinder- und Jugendhilfe
u. a.	unter anderem
UN-Kinderrechtsk.	Übereinkommen über die Rechte des Kindes
Urt.	Urteil
UStG	Umsatzsteuergesetz
VBVG	Vormünder- und Betreuervergütungsgesetz
vgl.	vergleiche
z. B.	zum Beispiel
ZKJ	Zeitschrift für Kindschaftsrecht und Jugendhilfe
ZPO	Zivilprozessordnung

Stichwortverzeichnis